Die Autorin **Cora Besser-Siegmund,** geboren 1957, ist Diplom-psychologin und Managertrainerin. Gemeinsam mit ihrem Mann leitet sie in Hamburg das Besser-Siegmund-Institut. Sie hat das Neuro-Linguistische Programmieren (NLP) in Deutschland einem breiten Publikum u. a. durch zahlreiche Seminare, Medienbeiträge und Buchveröffentlichungen bekannt gemacht. Sie selbst bezeichnet sich als «Spezialistin für Gehirnbenutzung».

In der Reihe «NLP – Das Psycho-Power-Programm» ist von Cora Besser-Siegmund im Rowohlt Taschenbuch Verlag bisher erschienen: «Das Rauchen aufgeben» (9956).

Außerdem erschienen in dieser Reihe vom Autoren-Team Barbara Schott und Klaus Birker:
«Cool bleiben» (9603), «Gut drauf sein, auch wenn's schiefgeht» (9604), «Andere Wege wagen» (9605), «Freunde finden» (9668), «Prüfungsstreß ade» (9669), «Kompetent verhandeln» (9773), «Schüchternheit überwinden» (9774), «Selbstbewußt auftreten» (9905), «Souverän mit Kunden umgehen» (9796), «Mut zur Entscheidung» (9957) und «Den Job will ich haben!» (9986).

Cora Besser-Siegmund

Frei von Eifersucht

NLP – Das Psycho-Power-Programm

Rowohlt

Originalausgabe
Veröffentlicht im Rowohlt Taschenbuch Verlag GmbH,
Reinbek bei Hamburg, Oktober 1996
Copyright/Konzeptidee © by Rowohlt Taschenbuch
Verlag GmbH, Reinbek bei Hamburg
Redaktion Rosemarie Schwarz
Grafik Walter Werner
Umschlaggestaltung Susanne Heeder
(Foto FPG/Bavaria)
Satz Sabon PostScript Linotype Library, QuarkXPress 3.31
Gesamtherstellung Clausen & Bosse, Leck
Printed in Germany
1290-ISBN 3 499 19985 8

Inhalt

Wem hilft dieses Buch?

Dieses Buch ist vor allem an diejenigen gerichtet, die ihre eifersüchtigen Gefühle verstehen und lenken möchten. Selbstverständlich finden auch jene Hilfe und Anregung, die mit eifersüchtigen Partnern zusammenleben oder sich aus anderen Gründen für dieses Thema interessieren.

Wenn Sie in einer Partnerschaft leben und mit dem Problem der Eifersucht kämpfen, empfehle ich Ihnen, dieses Buch nach dem Lesen und Durcharbeiten auch Ihrem Partner oder Ihrer Partnerin zu geben. Es hat sich gezeigt, daß das Problem der Eifersucht durch partnerschaftliche Zusammenarbeit gut gelöst werden kann. Besonders Beziehungen zwischen Frauen und Männern werden durch die Kenntnis der Gedanken- und Gefühlswelt der «anderen Seite» vertieft.

Eifersucht ist oft nichts anderes als das tragische Ergebnis einer Anhäufung von Mißverständnissen und Fehlinterpretationen des Verhaltens unseres Partners. Deshalb macht dieses Buch Sie mit den häufigsten «Eifersuchts-Fallen» vertraut. Manchmal entsteht überschießende Eifersucht in einer Partnerschaft auch nach einer «Seitensprung-Panne». In diesem Fall hilft

Ihnen das Buch, zu einer vertrauensvollen Beziehung zurückzufinden.

Eines kann dieses Buch jedoch nicht leisten: Es hilft Ihnen nicht, Dreiecksbeziehungen jahrelang durchzuhalten oder permanente Seitensprünge Ihres Partners zu ertragen. Wenn Sie in einer derartigen Situation Eifersucht empfinden, ist dies aus psychologischer Sicht völlig gesund und normal. Das Ziel heißt dann nicht, frei von Eifersucht zu werden, sondern sich aus einer unerträglichen Situation zu befreien.

Den Lesern dieses Buches wünsche ich, daß die Lektüre ihnen zu wertvollen Einsichten, Erfolg in ihrer Beziehung und Freude am Leben verhilft.

Cora Besser-Siegmund

Was ist NLP?

Den Schatz unserer unbewußten Fähigkeiten zu heben, das hatten sich der Informatiker und Psychologe Richard Bandler und der Sprachforscher John Grinder vorgenommen. Die beiden US-Forscher begannen Mitte der siebziger Jahre unbewußte Verhaltensweisen und Stimmungen zu untersuchen, um herauszufinden, wie sie besser gesteuert werden können. Wie lassen sich Verhaltensweisen von Spitzenkönnern auf andere übertragen? – Diese Frage faszinierte sie, und sie beobachteten jahrelang minuziös die erfolgreichsten Menschen der Welt, u. a. die berühmten Therapeuten Milton Erickson, Fritz Perls und Virginia Satir. Dabei gingen sie von der Annahme aus, daß es wohl am schwierigsten ist, anderen Menschen therapeutische Heilung zu vermitteln. Wem es gelingt, Patienten vom Vorteil eines gesunden Lebens zu überzeugen, so ihre Schlußfolgerung, der muß ein wirkliches Kommunikationsgenie sein! Es gelang ihnen, durch Beobachtung zu ganz neuen Erkenntnissen über körpersprachliche und verbale Signale unseres Unbewußten zu kommen, die es möglich machten, diese bisher unbewußte Steuerung unseres Verhaltens bewußt wahrzunehmen und zu beeinflussen. Mit Erfahrungen aus der Welt der Informatik, der Sprachforschung und der Computerwissenschaft versuchten die NLP-Erfinder Funktionsweisen des menschlichen Gehirns besser zu verstehen. Die Kernthese der NLP lautet: Alle unsere Erfahrungen werden im Gehirn durch neuronale (neuro) Verknüpfungen gespeichert, die sprachlich (linguistisch) mitgeteilt werden können. Diese Speicherungen (Programmierungen) können verändert werden. Durch das Neuro-Linguistische Programmieren, kurz NLP, können wir unser Verhalten ergründen und positiv beeinflussen. NLP ist die Anleitung zur Ausschöpfung unserer unbewußten Fähigkeiten.

So funktioniert das Psycho-Power-Programm

Kennen Sie den? Nach etlichen Monaten eintönigen Ehelebens möchte Heidi ihren Mann mit einem verführerischen Abend überraschen. Sie besorgt sich atemberaubende schwarze Unterwäsche, Strapse und Nahtstrümpfe. Kurz bevor er nach Hause kommt, zieht sie die gewagten Teile an und öffnet ihm in diesem Aufzug verheißungsvoll die Tür. Er stutzt, guckt irritiert auf die schwarzen Spitzen und ruft entsetzt: «Um Gottes willen, ist was mit Oma?»

Dieser Ehemann kennt gewiß schon lange keine Eifersucht mehr. Denn Eifersucht tritt nur in Kombination mit Liebe, Leidenschaft oder zumindest Interesse am Partner auf. Gleichgültigkeit in der Partnerschaft ist somit das beste Mittel, um frei von Eifersucht zu werden. Sie können sich jedoch denken, daß das *Psycho-Power-Programm* seinen Namen nicht verdienen würde, wenn es das Ziel hätte, positive Gefühle zu verflachen. Durch die Lektüre dieses Buches sollen Sie natürlich das Gegenteil erreichen: die Steigerung Ihrer Lebensqualität und Ihres Lebensglücks durch die bewußte Pflege Ihrer Beziehung.

Das Neuro-Linguistische Programmieren lehrt uns die *Balance der Gefühle*. Unser Nervensystem kann nicht ausgeglichen funktionieren, wenn wir in unserer Seelenlandschaft ständig Kämpfe austragen. Im Sinne des inneren Friedens ist das Ziel dieses Buches daher nicht, Eifersucht auszurotten, sondern sie zu verstehen, sinnvoll zu lenken und ihr in Ihrer Seelenlandschaft den richtigen Platz zu geben.

Es gibt keine «guten» und «bösen» Gefühle

Im NLP gibt es keine «guten» und «bösen» Gefühle. Gefühle können nur zu stark oder zu schwach ausgeprägt sein, zu häufig oder zu selten oder im falschen Moment auftreten – es sind also die Dosierung und die Situation, die aus Gefühlen und Seelenzuständen Segen oder Fluch entstehen lassen. Tobende Wut vermag im richtigen Moment unterdrückten Menschen zu plötzlicher Gesundheit zu verhelfen, und chronische Toleranz kann an der falschen Stelle auf die Dauer den freundlichsten Zeitgenossen krank machen.

Auch Eifersucht gehört zum erfüllten Leben eines Menschen. Erleben Sie mit NLP die Freiheit, bewußt und positiv mit dem Phänomen Eifersucht umzugehen – sowohl bei sich selbst als auch bei Ihren Mitmenschen. Diese Freiheit ergibt sich vor allem aus den sogenannten *drei Wahrnehmungspositionen*, die Sie in der Kommunikation einnehmen können:

- **Wahrnehmungsposition 1:** Dies ist die Perspektive aus Ihrer *eigenen Person* heraus. Sie entspricht den Begriffen *Selbstwahrnehmung* und *eigener Standpunkt*.

- **Wahrnehmungsposition 2:** In dieser Position nehmen Sie die Perspektive Ihres Partners oder Gegenübers ein. Dieser Blickwinkel entspricht den Begriffen *Mitgefühl*, *Anteilnahme* und «*mit den Augen des anderen sehen*».
- **Wahrnehmungsposition 3:** Hier ist die neutrale Sicht des Beobachters gemeint. Sie schauen sich Ihre Beziehung zu Ihrem Partner bzw. zu anderen Menschen aus einer *Metaperspektive* an. Diese «neutral schwebende Aufmerksamkeit» entspricht auch dem Begriff der *Sachverständigen-Perspektive*.

Im ersten Teil dieses Buches werde ich Sie immer wieder dazu einladen, zwischen diesen drei Perspektiven der Wahrnehmung hin- und herzuwandern. Jede Perspektive erlaubt Ihnen eine andere Sicht und eine spezielle Qualität des Erlebens. Keine der drei ist *besser* als die anderen. Die größte Chance zur Überwindung Ihrer Eifersuchtsprobleme haben Sie, wenn Sie spielerisch zwischen diesen drei Positionen wechseln können. Sie sind dann in der Lage, sich und Ihre Beziehung(en) «von allen Seiten betrachten» zu können. Menschen, die im Umgang mit diesen drei Wahrnehmungsperspektiven vertraut sind, können ihre Gefühle gut managen.

Die drei Wahrnehmungs-perspektiven

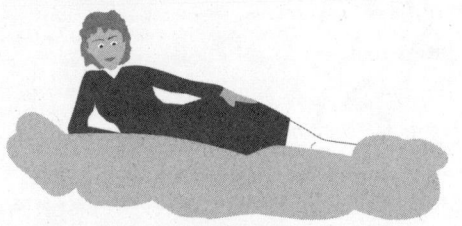

**3. Die Sachverständigen-Perspektive:
«Wie wirkt das von außen?»**

**2. Mit den Augen des anderen sehen:
«Wie geht es meinem Partner?»**

1. Der eigene Standpunkt: «Wie geht es mir?»

Was ist Eifersucht?

«*Eifersucht*, qualvoll erlebtes Gefühl vermeintlichen oder tatsächlichen Liebesentzugs. Der Eifersüchtige reagiert auf das wahrgenommene Nachlassen der Zuwendung von Liebe mit Versuchen, das Liebesobjekt an sich zu binden; wenn dieses aussichtslos erscheint, neigt er zu Racheakten.» *(Meyers Großes Taschenlexikon)*

Liebe und Zuneigung sind für uns Menschen Lebenselixier. Ein chronischer Mangel an diesen wichtigsten seelischen Nahrungsquellen kann unserer Gesundheit schaden und sogar einen negativen Einfluß auf unsere Lebenserwartung haben. Mediziner und Sozialwissenschaftler haben immer wieder untersucht, warum einige Menschen über hundert Jahre alt werden. Sie sind alle zum gleichen Ergebnis gekommen: Diese Menschen haben ihr Leben lang in gut funktionierenden und glücklichen Beziehungen gelebt – in Beziehungen zu Partnern, Kindern, Kollegen, Nachbarn oder Freunden.

Dadurch wird verständlich, warum viele Menschen so sehr an ihren Liebsten hängen. Gute zwischenmenschliche Beziehungen sind nicht so austauschbar wie materielle Güter. «Ein Auto kann ich mir überall neu kaufen – wo aber bekomme ich genauso schnell einen neuen Mann her, den ich dann auch noch lieben kann?» beklagte sich eine unglückliche Patientin mit Liebeskummer bei mir. Gerade weil schöne Beziehungen nicht in jedem Supermarkt für Geld zu haben sind, schätzen wir sie besonders hoch. Wenn wir das Gefühl haben, daß uns unser Partner seine Liebe entzieht, entsteht in uns die Angst, etwas sehr Wertvolles oder gar Überlebenswichtiges zu verlieren.

Natürlich fängt man dann an, die befürchtete negative Entwicklung in der Beziehung um jeden Preis verhindern zu wollen. Und selbstverständlich möchte man den geliebten Menschen an sich binden. Jeder Mensch möchte das. Doch es gibt unterschiedliche Möglichkeiten, andere in seiner Nähe zu halten. Es gibt Personen, die ihre Mitmenschen faszinieren, bezaubern, ihnen gute Gefühle und schöne Erlebnisse vermitteln können. In ihrer Nähe ist das Leben interessant und angenehm. Diese Menschen sind Lebens- und Beziehungskünstler, denen man nie vorwerfen würde, eifersüchtig zu sein – obwohl auch sie andere an sich binden.

Das Wort Eifersucht taucht als Begriff erst auf, wenn die Bindungsversuche nicht so angenehm, erfolgreich und selbstsicher verlaufen wie beim Lebenskünstler. Der Eifersüchtige gestaltet seine Bindungsversuche meist so, daß sie vom geliebten Menschen als negativ empfunden werden. Sei es nun das stille Beleidigtsein

oder die laute Wut – der Beziehungspartner fängt an, sich mit den Erfahrungen unwohl zu fühlen. Trotz aller Bindungsversuche vergrößert sich die Kluft zwischen den Partnern.

Dann kann es zu dramatischen Entwicklungen kommen. Der Eifersüchtige hat das Gefühl, daß sich das Happy-End immer weiter entfernt – trotz seiner mit viel Eifer betriebenen Bindungsversuche. Der mit der Eifersucht attackierte Partner zieht sich immer mehr zurück. Eifersüchtige können sich in dieser brenzligen Situation dann so enttäuscht, ängstlich oder wütend fühlen, daß sie zu Kurzschlußhandlungen neigen. Racheakte bis hin zu Tötungsversuchen kommen immer wieder vor. Depressive oder stille Eifersüchtige richten ihre Aggressionen häufig nicht gegen den Partner, sondern gegen sich selbst. Auch Suizidversuche aus Eifersucht sind keine Seltenheit.

Die ganze Welt hat Anteil an dem Fall O. J. Simpson genommen, der beschuldigt wurde, seine geschiedene Frau aus Eifersucht getötet zu haben. Man fragte sich: Warum sollte ein steinreicher Mann, der scheinbar alles im Leben erreicht hat, sein Leben durch den Mord an seiner Ex-Frau ruinieren? Aber viele glaubten, Eifersucht könne so stark werden, daß ein Mensch alles um sich herum vergißt. Diese Menschen sind der Meinung, daß Eifersucht jenseits von Verstand und Vernunft tödliche Konsequenzen haben kann. Deshalb hat die Eifersucht seit der Antike einen festen Platz in Literatur und Religion.

Ob nun als großes Drama oder als verborgenes Leid – Eifersucht tritt nicht nur in Beziehungen zwischen Mann und Frau auf, sondern in jeder Form menschlicher Nähe: unter Freunden und Geschwistern, in der Familie und im Kollegenkreis. Dieses Buch befaßt sich überwiegend mit dem Thema Eifersucht in der Liebesbeziehung zwischen Mann und Frau. Bevor ich darauf zurückkomme, möchte ich noch kurz auf die Entstehung eifersüchtiger Gefühle eingehen. Denn der Keim für dieses Gefühl wird in unserer Kindheit gelegt.

Die Wurzeln der Eifersucht

Stellen Sie sich einmal folgendes vor: Bernd und Ines sind ein glücklich verheiratetes junges Paar. Sie verbringen so viel Zeit wie möglich miteinander und haben viel Spaß zusammen. Eines Tages kommt Bernd gutgelaunt nach Hause und verkündet: «Stell dir vor, in ein paar Wochen wird Barbara mit bei uns einziehen!» – «Wer ist denn Barbara?» fragt Ines irritiert. «Du, das ist meine neue Freundin!» – «Aber ich dachte, du liebst mich!» – «Das tu ich doch auch», versichert Bernd und nimmt Ines in den Arm, «aber Barbara habe ich genauso lieb wie dich. Schatz, freu dich doch! Du fühlst dich doch sonst tagsüber immer so allein – dann hast du endlich jemanden um dich, mit dem du dich immer unterhalten kannst! Ist das nicht toll? Ich bin sicher, ihr beide werdet viel Spaß miteinander haben!»

Sie können sich vorstellen, wie Ines sich nach diesem «fröhlichen» Gespräch fühlt: traurig, verwirrt, allein, wütend – und eifersüchtig. Und genauso können sich Kinder fühlen, wenn sie jüngere Geschwister bekommen. Das meinen zumindest die Experten. Denn die Geschichte von Ines und Bernd hat sich ein Kinder-

psychologe ausgedacht, um Eltern die eifersüchtigen Gefühle ihrer älteren Kinder auf die «neuen» Kinder zu verdeutlichen. Er ist der Meinung, daß Kinder Eifersucht genauso tief und verzweifelt erleben wie Ines aus dem obigen Beispiel und daß Kinder noch stärker als Erwachsene unter der Angst vor Liebesentzug leiden.

Heutzutage achten viele Eltern natürlich sehr bewußt darauf, daß ältere Kinder sich nicht durch den kleinen Bruder oder die kleine Schwester zurückgesetzt fühlen. Doch noch vor zwanzig Jahren ging man selbstverständlich davon aus, daß Kinder sich über ihre Geschwister freuen – weil sie dann ja jemanden zum Spielen haben und sich nicht mehr so allein fühlen.

Kinder sind besonders stark auf die Zuneigung der Erwachsenen angewiesen. Sie benötigen die Zuneigung der Eltern in den ersten fünfzehn bis zwanzig Jahren ihres Lebens zum seelischen und körperlichen Überleben. Auch Einzelkinder können bei Eltern, Großeltern oder geliebten Lehrern tiefe Gefühle von Eifersucht entwickeln. Die Angst, allein gelassen zu werden, ist für Kinder ein elementares und schlimmes Erlebnis.

Kinder können sehr unterschiedlich sein. Es gibt anpassungsfähige, niedliche und «artige» Kinder. Ihnen fliegen die Herzen der Erwachsenen zu. Aber nicht jedes Kind ist pflegeleicht. Manche sind wild, bockig und alles andere als charmant. Insgeheim leiden sie darunter, daß sie im Kampf um die Gunst der Erwachsenen keine Chance gegen die «pflegeleichten» Kinder zu haben scheinen. Heute weiß man, wie entscheidend «wilde» Phasen für die seelische Gesundheit von Kindern sind. Und es ist wichtig zu wissen, daß auch das garstigste Kind sehr unter Liebesentzug leiden kann und traurig und eifersüchtig wird, wenn andere bevorzugt werden.

Überlegen Sie einmal: Wie waren Sie als Kind? Was wissen Sie über die Kindheit Ihres Partners? Haben Sie ausreichend und regelmäßig Zuwendung von Eltern und anderen wichtigen «Großen» bekommen? Oder wurden Sie oft enttäuscht, verunsichert oder gar mit Ihren Gefühlen und Ängsten allein gelassen? Im NLP geht man davon aus, daß wir Menschen in unserer Person eine ganze Reihe von Persönlichkeitsteilen haben. So wohnt auch unser jüngeres Ich (Kind-Ich) mit all seinen Gefühlen noch in uns. Die Eifersucht des Erwachsenen erzählt meist über die Verletzungen seines inneren Kindes.

Stellen Sie sich einmal vor, aus den Szenen Ihrer Kindheit wäre ein Film gemacht worden. Sehen Sie sich selbst als kleines Kind in den verschiedensten Situationen: mit Eltern, Geschwistern, Freunden, Lehrern. Wo taucht das Thema Eifersucht, Liebesentzug oder gar Vernachlässigung auf? Es ist sehr wichtig, daß Sie dieses Kind im Film tatsächlich wie eine dritte Person und mit dem Verstand des Erwachsenen sehen. Sie gehen dabei in die *Wahrnehmungsposition 3*, die Sach-

Waren Sie als Kind eifersüchtig?

1965

Schauen Sie sich die «Kindheitsgeschichte» Ihrer Eifersucht aus der Sachverständigen-Perspektive an!

verständigen-Perspektive. Auf diese Weise bekommen Sie eine wohltuende Distanz zu Ihren Erinnerungen und den Wurzeln Ihrer persönlichen Eifersuchtsgeschichte. Wenn Sie das Kind im Film aus Ihrer heutigen Position des Erwachsenen sehen, wachsen Sie plötzlich über Ihre Eifersucht hinaus. Sie werden gelassen und fühlen sich als das, was Sie sind: erwachsen und groß. Die Eifersucht spielt sich im Film ab – und nicht in Ihnen.

Dieses Gedankenspiel kann Ihnen auch bei einem eifersüchtigen Partner helfen. Sehen Sie ihn oder sie wie durch ein umgedrehtes Fernglas als verzweifeltes Kind. Plötzlich fangen Sie an zu verstehen – nicht mit dem Kopf, sondern mit dem Gefühl. Dieses Verstehen der unglücklichen Geschichte des kleinen Kind-Ichs kann schon der Beginn für eine deutliche Entspannung sein. «Verändern durch Verstehen» ist übrigens auch eine Devise der Gesprächstherapie.

«Du sollst nur mir gehören» –
Die eifersüchtige Liebe

«Auf der letzten Silvesterparty hatte ich ein tolles neues Kleid an. Und wissen Sie was? Mein Mann wurde richtig eifersüchtig, als die anderen Männer mich zum Tanzen aufforderten!» erzählte mir meine 50jährige Klientin Cornelia letzte Woche. Dabei strahlte sie überglücklich und hatte rosige Wangen. Sie wirkte so aufgeregt wie ein Teenager. Dieses Silvestererlebnis war für sie ein richtiger Liebesbeweis für die immer noch vorhandene Zuneigung ihres Mannes. Sie empfand seine Eifersucht als positiv.

«Ich halte das Zusammenleben mit meinem Mann nicht mehr aus. Am Anfang der Ehe mußte ich alle Briefe von früheren Freunden verbrennen. Nirgends darf ich allein hingehen. Neulich hat er mich sogar geschlagen, als ich abends nach Hause kam. Er wird immer eifersüchtiger – grundlos. Ich finde sein Verhalten aber jetzt so unerträglich, daß ich ihn bald wirklich nicht mehr liebe», erzählte mir die 25jährige Anna verzweifelt. Sie erlebt die Eifersucht ihres Mannes als negativ.

«Meine Frau geht mir mit ihrer Eifersucht auf die Nerven. Immer muß sie wissen, wo ich bin. Wenn ich mal eine Stunde später nach Hause komme, macht sie gleich ein beleidigtes Gesicht. Ich fühle mich regelrecht eingesperrt und verfolgt», beklagte sich der 40jährige Peter. Peters Liebe zu seiner Frau schwindet wegen ihrer Eifersucht.

Diese Äußerungen zeigen die Bandbreite von Eifersuchtserscheinungen in Partnerschaften. Mann und Frau sind in ihrer Beziehung nie allein auf der Welt. Immer wieder haben die Partner es jeder für sich auch mit anderen Menschen zu tun. Und immer wieder kann es passieren, daß Ihr Partner auch andere Menschen interessant findet oder selbst gut ankommt. Daher wird das Thema Eifersucht in jeder Liebesbeziehung auftreten – in welcher Dosierung auch immer. Vergessen Sie daher nicht, daß immer wieder Dritte in die Atmosphäre Ihrer Beziehung treten können, sondern setzen Sie sich mit dieser Möglichkeit bewußt auseinander. Und seien Sie einmal ehrlich: Würden Sie tatsächlich einen Partner haben wollen, den niemand außer Ihnen nett oder attraktiv findet?

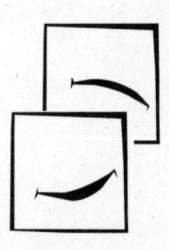

Im NLP nimmt man den Ausspruch «mit den Augen des anderen sehen» wörtlich. Denken Sie zunächst einmal an Ihre eigenen Gefühle, wenn Sie mit Ihren Mitmenschen Kontakt haben. Wie finden *Sie* es eigentlich, wenn Vertreter des anderen Geschlechts Ihnen hinterhersehen, den Kontakt mit Ihnen suchen oder Sie interessant finden? Wenn Sie ehrlich sind, müssen Sie zugeben: es tut gut, positives Feedback – auch von Fremden – zu bekommen. Das steigert das

Selbstwertgefühl. Würden Sie nun Ihren Partner nicht mehr mögen, weil Ihr Selbstwertgefühl gestiegen ist? Die meisten Menschen würden jetzt sagen: «Nein, das hat doch gar nichts miteinander zu tun – ich liebe ihn (oder sie) ja trotzdem.»

«Wenn ich meinen Mann frage: ‹Wie sehe ich aus?›, sagt er immer: ‹Toll!› Er ist da völlig unkritisch, er mag mich immer leiden. Einerseits ist das natürlich schön, aber andererseits interessiert mich auch, wie ich bei Menschen ankomme, die meine inneren Werte nicht oder noch nicht kennen. Daher freue ich mich besonders über eine positive Reaktion anderer Männer – so wie ich mich auch über ein gutes Foto von mir freue», berichtet die 30jährige Angela. «Aber das gute Gefühl, das ich aus diesen Erlebnissen ziehe, bringe ich voll und ganz in die Beziehung zu meinem Mann ein. Und er liebt mich besonders, wenn ich fröhlich bin. So profitiert auch er von möglichen Komplimenten anderer Männer.»

Wenn Ihr Partner von anderen offen angeflirtet wird, versetzen Sie sich mal in Gedanken in ihn hinein. Wie erlebt er die Situation? Sie werden dann sofort spüren, daß Ihr Liebster oder Ihre Liebste genau das gute Gefühl erlebt, das auch Sie in vergleichbaren Momenten haben. Wenn Sie dieses Gedankenspiel nachvollziehen, nutzen Sie übrigens die *Wahrnehmungsposition 2*. Das «Mit-den-Augen-des-anderen-Sehen» zeigt Ihnen sofort: Ihr Partner tankt Selbstbewußtsein und wird gleich fröhlich und zufrieden zu

Ihnen zurückkommen – wenn Sie ihn herzlich und liebevoll aufnehmen. Die 40jährige Hannelore erlebte bei diesem Gedankenexperiment sogar eine Überraschung: «Ich habe plötzlich das Gefühl, daß mein Torsten von so offensichtlicher Aufmerksamkeit sogar verunsichert oder genervt wäre!»

Zum Abschluß dieses Kapitels sei noch gesagt: Es gibt keine Liebesbeziehung, in der nicht beide eifersüchtig werden können. Glauben Sie niemandem, der Ihnen garantiert, gegen dieses allzu menschliche Gefühl immun zu sein.

Eifersucht hat viele Gesichter

Nicht immer machen Eifersüchtige wütende Szenen oder wollen gar den Partner oder die Partnerin kontrollieren. Die Erscheinungsformen und Äußerungen von eifersüchtigen Gefühlen sind sehr verschieden. Und auch die Anlässe, die den anderen eifersüchtig machen, sind so vielfältig wie die Menschen und ihre Liebesbeziehungen.

Personenbezogene Eifersucht

Fast jeder hat diese Geschichte schon einmal gehört: Bei der Eheschließung verlangt der Mann von seiner Frau, daß sie sämtliche Briefe von «Ehemaligen» verbrennt, um ihm ihre Liebe zu beweisen. «Ich habe das damals zwar gemacht, aber heute ärgere ich mich furchtbar darüber», berichtet eine betroffene Ehefrau, «er hatte überhaupt keinen Respekt vor meiner Lebensgeschichte, meiner Vergangenheit. Ich habe mich durch diese Behandlung wie ein Gegenstand gefühlt, der ihm gehört.»

Viele Menschen – Männer wie Frauen – unterstellen anderen, ihnen den Partner wegnehmen zu wollen. Sie finden diesen Gedanken empörend, weil der Partner doch schließlich ihnen «gehört». Diese Eifersüchtigen kämpfen im Grunde nicht um ihren Partner. Ihr Kampf richtet sich vielmehr gegen andere Menschen, die ihnen vermeintlich etwas stehlen wollen. Sie gehen mit ihrer Liebe so um, wie es Dagobert Duck mit seinem Geld tut: Es wird im Speicher verschlossen und vor den bösen Panzerknackern geschützt.

Wenn Sie zu diesen Eifersüchtigen gehören, ist Ihnen bestimmt schon einmal Unrecht durch andere widerfahren. Vielleicht wurden Sie übergangen, oder man hat Ihnen etwas genommen oder Sie unerträglich erniedrigt und somit Ihrem Selbstwertgefühl geschadet.

Viele Menschen mit personenbezogener Eifersucht wurden von ihren Eltern zu einem seelenlosen Konkurrenzdenken erzogen: Wer ist besser/schlechter als ich? Wer steht auf der Rangleiter höher/tiefer? Ihre Eifersucht ist die Angst davor, daß andere ihren Partner umherzeigen könnten nach dem Motto: «Seht her, was ich dem Trottel weggenommen habe!»

Geschichten und Bilder können Probleme und Lösungen am besten verdeutlichen. Ich möchte Ihnen hier eine uralte biblische Geschichte erzählen, die das Problem der personenbezogenen Eifersucht auch heute noch am besten verdeutlicht: Zwei Frauen kamen mit zwei Kindern zu König Salomo. Eines der Kinder war tot, das andere lebte. Beide behaupteten, die Mutter des lebendigen Kindes zu sein, keine der Frauen gab nach. König Salomo antwortete: «Also, dann schneiden wir das lebende Kind einfach mittendurch, dann bekommt jede von euch die Hälfte.» Während die eine Frau sofort zustimmte, rief die andere: «Nein, tut dem Kind nichts. Gebt es der anderen Frau!» Nun wußte der König, wer die Mutter war: natürlich jene, welcher das Leben des Kindes wichtiger war als ihr Besitzanspruch.

 Wenn Sie unter personenbezogener Eifersucht leiden, nehmen Sie Ihren Machtkonflikt mit anderen Menschen zu wichtig. Sie stellen diesen Kampf um Ihre persönliche Wichtigkeit über Ihre Beziehung und Ihre Liebe. Kein Wunder, daß sich Ihr Partner dann wie ein seelen- und meinungsloser Gegenstand fühlt: Es geht nur darum, wem er «gehört», und nicht um seine Gefühle und seine Persönlichkeit.

Sie sind hier zu sehr der *Wahrnehmungsposition 1*, also Ihren eigenen Gefühlen, Ängsten und Besitzansprüchen, verhaftet. Daher spüren Sie nicht, wie quälend Ihr Verhalten für Ihren Partner ist. Gehen Sie öfter in die *Wahrnehmungsposition 2* hinein, und testen Sie von dort aus Ihre eigene Wirkung: Wie geht es Ihrem Partner? Wie hat er Sie gern? Mit welchem Verhalten stoßen Sie ihn ab? Wie fühlt er sich angesichts Ihres Mißtrauens und Ihres Kampfes gegen andere?

Unser Gehirn kann kein Nein oder Nicht verarbeiten. Wenn Sie denken: «Hoffentlich brennt mein Mann /

meine Frau mit niemandem durch», entstehen vor Ihrem inneren Auge sofort die gefürchteten Katastrophenbilder. Greifen Sie schon jetzt auf eine Kraftquelle zurück, die glückliche Paare benutzen: Holen Sie sich die liebste Erinnerung an Ihren Partner hervor, ein Bild, auf dem er oder sie lächelt oder lacht.  Vergrößern Sie diese Erinnerung innerlich, machen Sie das Bild hell und farbig. Überlegen Sie sich, was Sie tun können, um Ihren Partner immer wieder so fröhlich zu machen. Setzen Sie alle Energie in dieses Ziel! Schon fangen die Kampfphantasien an zu schrumpfen, und dritte Personen werden unwichtig. Erleben Sie bei diesem Erinnerungsbild den Stolz, mit so einem besonderen Menschen zusammenzusein – und sogleich wächst Ihr Selbstbewußtsein. Ihr Partner wird Ihnen das ansehen und Sie dafür um so mehr lieben. Das Gerangel mit vermeintlichen Kontrahenten haben Sie dann gar nicht mehr nötig.

Sachbezogene Eifersucht

Ein Mann sitzt vor seinem Computer. Plötzlich erlischt der Bildschirm. Als er sich umdreht, sieht er seine wütende Ehefrau. In der Hand hält sie den Stecker, den sie gerade aus der Steckdose gezogen hat. «Jetzt reicht's», sagt sie zu ihrem verdutzten Mann, «du kümmerst dich ja gar nicht mehr um mich!»

Verstärken Sie Ihre positiven Erinnerungen und Phantasien!

Malen Sie sich das positive Erinnerungsbild Ihrer Partnerin ganz hell und klar aus. Lassen Sie Ihre vermeintliche «Konkurrenz» daneben kleiner werden!

Betrachten Sie sich und Ihre Partnerin als schönes Paar
aus der Sachverständigen-Perspektive. Lassen Sie auch hier
die vermeintliche «Konkurrenz» schrumpfen!

Vielleicht ist ihr Vorwurf berechtigt. Vielleicht ist sie aber auch auf sein Hobby eifersüchtig und erträgt es nicht, wenn er seine Aufmerksamkeit auf anderes als ihre Person konzentriert.

Viele Menschen reagieren eifersüchtig auf die Hobbys und Interessen ihres Partners. Sie ertragen es nicht, wenn die ganze Aufmerksamkeit ihrer «besseren Hälfte» von anderen Sachen oder Dingen absorbiert wird, und fühlen sich ignoriert und mißachtet. Der Begriff «bessere Hälfte» ist übrigens ein sehr guter Schlüssel, um diese Form der Eifersucht zu verstehen. Es gibt viele Menschen, die sich ohne ihren Partner «halb» oder «unvollständig» fühlen. Sie sind nicht in der Lage, das Gefühl von persönlicher Vollständigkeit aus sich selbst heraus zu erzeugen. In diesem Fall entsteht bei ihrem Partner das Gefühl, daß er doppelt wirken muß: Er muß nicht nur für das eigene Wohlgefühl, sondern auch für das ihre sorgen – er muß Lebensquelle für zwei sein. Das wird oft als Überforderung erlebt, vor der sich der Partner dann – meist unbewußt – zurückzieht. Dadurch fühlen sie sich wieder um so unvollständiger – ein Teufelskreis ist entstanden.

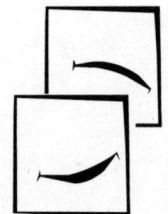

Natürlich ist es eine Kränkung, wenn der Partner einen wie Luft behandelt. Doch müssen Sie sich die kritische Frage gefallen lassen, ob Sie sich vielleicht auch wie Luft benehmen: Wie Luft sind Sie immer zu haben, Ihre Anwesenheit und Zuneigung ist die absolute Selbstverständlichkeit. Wenn Sie aber Ihre eigenen Interessen entwickeln, Ihren eigenen Ideen, Hobbys und Themen nachgehen, wird Ihr Partner öfter mit Ihrer – realen oder gedanklichen – Abwesenheit konfrontiert.

Wenn Sie Ihre persönliche Kraft auch aus sich selbst und aus Ihren persönlichen Interessen ziehen, machen Sie Ihren Partner wieder neugierig auf sich, da Sie neue Impulse für die Partnerschaft geben können. Dann erlebt Ihr Partner es auch nicht als selbstverständlich, daß Sie immer zur Verfügung stehen. Er wird dann automatisch Interesse an Ihrer Anwesenheit zeigen und sich bewußt freuen, wenn Sie für ihn da sind.

Machen Sie Ihren Partner wieder neugierig!

Um Ihre eigenen Kraftquellen zu entdecken, müssen Sie sich ausführlich mit der *Wahrnehmungsposition 1* beschäftigen. Nur so können Sie Ihre eigenen Interessen und die Lebensfreude bei Aktivitäten außerhalb der Partnerschaft entdecken. Machen Sie sich einmal eine Liste mit allen Wörtern, die Ihr «Ich» bezeichnen:

- das Wort «Ich»
- der Vorname
- der Nachname
- die Berufsbezeichnung usw.

Malen Sie sich die Schriftzüge dieser einzelnen Wörter mit den schönsten Farben und Formen auf ein Blatt Papier – oder stellen Sie sich die einzelnen Schriftzüge lebhaft vor. Erschaffen Sie sich dadurch so etwas wie einen eigenen Markennamen. Das stärkt Ihr Selbstbewußtsein.

Phantasievolle Eifersucht

Man hat herausgefunden, daß die Augenbewegungen eines Menschen Schlußfolgerungen über die Art seines Denkens zulassen. Am interessantesten ist dabei folgendes Ergebnis: Wenn Sie sich erinnern, wandern Ihre Augen nach links. Denken Sie sich etwas aus oder verfolgen Sie eine Idee, so wandern die Augen nach rechts. Bei einigen Menschen ist es jedoch umgekehrt. Man muß durch entsprechendes Beobachten immer wieder das Schema des einzelnen herausbekommen.

Auch das NLP hat die Augenbewegungen von Menschen erforscht. Auf der Grundlage dieser Erkenntnisse läßt sich das Phänomen der phantasiebezogenen Eifersucht besonders gut erklären. Viele Menschen «züchten» sich geradezu ihre eifersüchtigen Gefühle mit Hilfe ihrer kreativen Fähigkeiten. Gerade phantasiebegabte Personen können sich lebhaft ausmalen, wie ihr Partner sie betrügt oder von anderen verführt wird. Diese konstruierten Bilder laufen manchmal wie Filme ab und hinterlassen – obwohl nur ausgedacht – starke und äußerst reale Gefühle: Angst, Enttäuschung, Wut und Eifersucht.

Augenbewegungen
– bei einem Rechtshänder

Links   **Rechts**

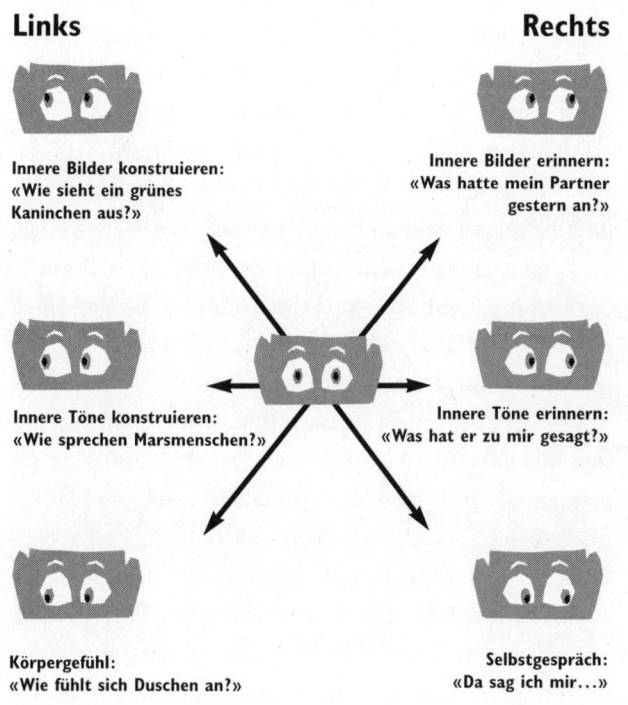

Innere Bilder konstruieren:
«Wie sieht ein grünes
Kaninchen aus?»

Innere Bilder erinnern:
«Was hatte mein Partner
gestern an?»

Innere Töne konstruieren:
«Wie sprechen Marsmenschen?»

Innere Töne erinnern:
«Was hat er zu mir gesagt?»

Körpergefühl:
«Wie fühlt sich Duschen an?»

Selbstgespräch:
«Da sag ich mir...»

**Von den Augenbewegungen kann man auf die jeweilige Art
des Denkens schließen («Links» und «Rechts» beziehen sich
hier auf die Sicht des Betrachters).**

Als Ute und Thomas in unsere Praxis kamen, war ihr Problem schon fünf Jahre alt. Damals hatte Thomas Ute voller Reue einen Seitensprung gestanden. «Seit dieser Zeit ist sie nur noch eifersüchtig – obwohl ich alles tue, um meinen Fehler wiedergutzumachen», erzählte Thomas resigniert. Ute war genauso hilflos. «Neulich rief mein Mann an und sagte, er müsse noch Überstunden machen», erzählte sie. «Sofort mußte ich an seine Sekretärin denken – und sah die beiden schon im Bett liegen.» – Thomas, ihr Mann, stöhnte sichtlich erschöpft. «Ich kann ihr zwanzigmal sagen, daß sie mir vertrauen kann – immer wieder fängt Ute mit den gleichen Verdächtigungen an.» Ute erklärte daraufhin: «Mit dem Verstand weiß ich ja auch, daß ich dir vertrauen kann. Aber wenn ich allein bin, geht einfach meine Phantasie mit mir durch! Ich steigere mich dann richtig in meine Eifersucht hinein!» Thomas arbeitet im Außendienst. Daher kommt er oft abends auch unregelmäßig nach Haus, manchmal muß er sogar auswärts übernachten. So hat Ute viel Zeit, um ihre Eifersuchtsfilme zu drehen.

Stoppen Sie Ihre Eifersuchtsfilme!

Während Ute über ihre Eifersuchtsphantasien sprach, schaute sie, aus meiner Sicht betrachtet, immer wieder nach rechts oben. So wußte ich, daß sie sich innerlich richtige Kinofilme über ihren untreuen Ehemann ansah. «Sehen Sie die Eifersuchtsszenen in Farbe oder in Schwarzweiß?» fragte ich. «In Farbe – wie im richtigen Leben», antwortete Ute. «Ist Ihr Mann eigentlich nie zärtlich oder liebevoll zu Ihnen?» fragte ich weiter. «O doch, sogar gar nicht so selten», antwortete sie. Dabei richtete sie den Blick kurz nach links oben. «Wie sehen Sie das erinnerte Bild von Ihrem Mann?» – «Eigentlich verschwommen und eher schwarzweiß.» – «Sehen Sie auch sich selbst?» – «Nein, nur sein Gesicht und seinen Oberkörper.» – «Bitte, machen Sie sich von dieser Erinnerung ein intensiveres Bild. Stellen Sie sich vor, jemand hätte von Ihnen beiden in diesen schönen Momenten ein sehr gutes Foto gemacht oder Sie gefilmt.» Utes Augen wechselten jetzt immer zwischen links und rechts hin und her. Einerseits erinnerte sie sich. Andererseits mußte sie die Vorstellung konstruieren, daß jemand sie und Thomas aufgenommen hätte. Sie mußte sich mit in das Erinnerungsbild hineinprojizieren. «Machen Sie jetzt das schöne Erinnerungsbild farbig, groß und lebhaft», bat ich sie. «Was fühlen Sie jetzt?» Ute bekam einen weichen Gesichtsausdruck und lächelte. «Es ist ein schönes Gefühl – eigentlich sind wir ja immer noch ein richtiges Liebespaar», sagte sie.

Malen Sie sich Ihre Liebesgeschichte aus!

Ich bat Ute, sich möglichst viele Liebesszenen zwischen ihr und Thomas auf diese Weise bewußtzumachen. «Sie müssen Ihr Erinnerungsvermögen für die realen Liebesmomente in Ihrer Beziehung regelrecht trainieren», erklärte ich ihr. «Rufen Sie sich die schönsten Szenen zwischen Ihnen und Thomas so oft wie möglich ab. Machen Sie innerlich lebhafte Filme aus Ihren Erinnerungen, und schauen Sie sich diese immer an, wenn Thomas weg ist.» Damit erreichte

ich, daß Ute statt ihrer Phantasie ihr Erinnerungsvermögen schulte. Durch die Aufgabe, sich zusammen mit Thomas in einem Liebesfilm zu sehen, versetzte ich sie zusätzlich in die *Wahrnehmungsposition 3* (die Sicht des Beobachters). So richteten wir ihre Phantasie auf die positiven Seiten ihrer Beziehung zu Thomas.

Schon nach zwei Wochen zeigten diese Übungen positive Wirkung. «Seitdem ich meine Wahrnehmung auf unsere ‹Liebesfilme› konzentriere, ist meine Eifersucht verschwunden. Ich habe sehr liebevolle und positive Gefühle, wenn ich an Thomas denke. Mir fällt jetzt erst richtig auf, wie sehr er mir immer wieder seine Liebe zeigt – auch wenn er nicht da ist. Anstatt ihn mit aufgestautem Ärger zu empfangen, empfinde ich jetzt große Vorfreude, wenn ich auf ihn warte. Entsprechend freudig fällt dann auch die Begrüßung aus.»

Üben Sie wie Ute, die schönsten Liebesszenen mit Ihrem Partner immer wieder in der Erinnerung zu beleben, und sehen Sie sich selbst als Hauptdarsteller(in) dieser Filme. Glückliche Paare benutzen diese Technik unbewußt.  Sie sind nicht nur ineinander verliebt, sondern tanken das Verliebtsein immer wieder aus positiven Beziehungs-Erinnerungen, die auch über die Jahre in voller Intensität wirken. Sie sollten für dieses Bewußtseinstraining auch die Augenbewegung mitbenutzen: Schauen Sie ab und zu nach *links oben*, um sich an positive Momente Ihrer Beziehung zu erinnern. Bringen Sie das erinnerte Bild dann auf Ihrem «geistigen Bildschirm» auf die rechte Seite, die Seite der Phantasie, und bewegen Sie dabei die Augen nach *rechts oben*. Hier können Sie sich dann ausmalen, wie schön das Wiedersehen oder der nächste Tag mit Ihrem Partner sein wird. Auf diese Weise sprechen Sie auch *beide Gehirnhälften* mit der Wahrnehmung an, was das Erlebnis in Ihnen noch vertieft.

Dieses Training der bewußt positiven Wahrnehmung wird Ihre Sicherheit im Partnerschaftsgefühl stärken. Ihr Partner fühlt sich noch stärker von Ihnen angezogen, weil Sie sich ganz offensichtlich immer wieder auf die Begegnung mit ihm freuen.

Stille Eifersucht

Viele Menschen trauen sich nicht, ihre Eifersucht gegenüber dem Partner oder anderen Menschen zuzugeben. In den 60er und den 70er Jahren galt Eifersucht in bestimmten Kreisen regelrecht als «out». Wer dieses Gefühl hatte, zeigte nur, daß er noch nicht reif für erwachsene Liebesbeziehungen war. Eifersucht galt als reines Besitzdenken, als eine verwerfliche und ungerechtfertigte Anspruchshaltung gegenüber dem Partner. So mancher hat noch heute Angst, mit seiner Eifersucht ein schlechtes Bild abzugeben, und versucht, dieses Gefühl mit allen Mitteln zu verbergen.

Auch die zurückgedrängte und verborgene Eifersucht fällt jedoch auf: Sie können nicht verhindern, Ihrem

Partner still, bedrückt oder gar ausweichend zu begegnen, wenn Sie die Eifersucht quält. Ihr Partner fragt vielleicht sogar: «Was ist denn mit dir, was hast du denn?» – «Ach, nichts», könnte Ihre Antwort lauten – wie bei den meisten stillen Eifersüchtigen. Ich kann Ihnen versichern, daß diese ungewisse Situation für Ihren Partner nur sehr schwer zu ertragen ist – vor allem, wenn er Sie wirklich liebt. Denn die meisten Menschen möchten ihrem oder ihrer Liebsten helfen, Sorgen oder Niedergeschlagenheit zu überwinden. Wenn Sie die Ursache Ihrer Niedergeschlagenheit nicht verraten, fühlt Ihr Partner sich abgewiesen.

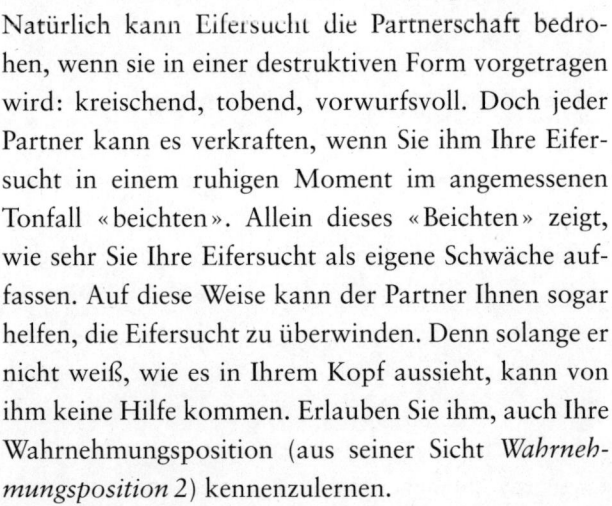

Natürlich kann Eifersucht die Partnerschaft bedrohen, wenn sie in einer destruktiven Form vorgetragen wird: kreischend, tobend, vorwurfsvoll. Doch jeder Partner kann es verkraften, wenn Sie ihm Ihre Eifersucht in einem ruhigen Moment im angemessenen Tonfall «beichten». Allein dieses «Beichten» zeigt, wie sehr Sie Ihre Eifersucht als eigene Schwäche auffassen. Auf diese Weise kann der Partner Ihnen sogar helfen, die Eifersucht zu überwinden. Denn solange er nicht weiß, wie es in Ihrem Kopf aussieht, kann von ihm keine Hilfe kommen. Erlauben Sie ihm, auch Ihre Wahrnehmungsposition (aus seiner Sicht *Wahrnehmungsposition 2*) kennenzulernen.

In der Liebe denken die meisten Menschen, daß es ein «Verstehen ohne Worte» gibt. Solche Annahmen nennt man im NLP «Glaubenssätze». Ich kann Ihnen jedoch versichern, daß es sich bei diesem Glaubenssatz um einen der weitverbreitetsten Irrtümer handelt. Gerade durch das NLP weiß man, daß die Welt in den Köpfen der Menschen höchst unterschiedlich aussehen kann. Es gibt für uns nur ein sicheres Mittel, um die Welt in den Köpfen unserer Mitmenschen kennenzulernen: die Sprache! Wenn Sie dieses uralte «Mittel» entdecken, können Sie auch die stille Eifersucht überwinden. Das zeigt folgendes Beispiel:

«Ich habe schon immer ein Konkurrenzverhältnis zu meinem Kollegen Jens gehabt», berichtet der 35jährige Rolf. «Ich bin mir auch sicher, daß er irgendwie neidisch auf mich ist. Zu bestimmten Firmenfesten sind unsere Frauen meist mit eingeladen. Jedesmal fing Jens an, mit meiner Frau zu flirten. Mir kam die Galle hoch, wenn ich die beiden zusammen lachen sah. Nach diesen Festen war ich unausstehlich. Einmal sprach ich sogar zwei Tage lang kaum mit meiner Frau. Da platzte ihr der Kragen. Sie wollte wissen, was los sei. Ich gab zu, eifersüchtig zu sein. ‹Dieser Jens genießt es richtig, zu zeigen, wie gut er bei dir ankommt. Er möchte mich bestimmt damit treffen›, jammerte ich. Die Reaktion meiner Frau war erstaunlich: ‹Das habe ich nicht gewußt. Es macht mir  nämlich überhaupt nichts aus, auf Jens' Gelaber bei diesen Veranstaltungen zu verzichten. Ich dachte sogar, ich tue dir einen Gefallen, denn ich meinte, es würde dir etwas bedeuten, wenn deine Kollegen mich nett finden. Wenn es dir dabei schlechtgeht, kann ich sofort verzichten.› Und ich hatte Angst davor, daß sie meine Eifersucht sofort kritisieren würde. Als Jens sie das nächste Mal überschwenglich begrüßte, zwinkerte sie mir gleich zu. Wir lächelten uns an – und es wurde ein entspannter Abend.»

Laute Eifersucht

Diese Variante ist der Klassiker unter allen Formen der Eifersucht. Sie wird vom Partner als besonders schlimm empfunden – vor allem, wenn er sich völlig unschuldig fühlt. Es ist für Ihren Partner schwer zu erkennen, daß Sie aus Angst, verlassen zu werden, so reagieren. Bedenken Sie, daß ja auch Ihr Partner seine Lebensgeschichte mit lautstarken Vorwürfen hat: Er verbindet Ihre Person mit unangenehmen Erinnerungen an schimpfende Eltern, strafende Lehrer und cholerische Vorgesetzte. Das raubt ihm alle Gefühle von Zärtlichkeit und das Verständnis für Ihr Unglück.

Versuchen Sie, Ihre Eifersucht lieber moderat auszuleben und Ihren Partner mehr zu verführen als zu erschrecken, um ihn oder sie an sich zu binden. Um einen gewissen Abstand zu Ihren eifersüchtigen Gefühlen zu bekommen, probieren Sie einmal folgende Übung aus: Wann immer Sie die Eifersucht in sich aufsteigen fühlen, *betrachten Sie sich selbst von außen.* Sie gehen also in *Wahrnehmungsposition 3*, in die neutrale Beobachterperspektive. Sagen Sie nicht:

Beobachten Sie sich selbst!

Fragen Sie sich aus Wahrnehmungsposition 3, der Sachverständigen-Perspektive: «Wie sehe ich eigentlich aus, wenn
ich eifersüchtig bin?»

«Ich bin eifersüchtig», sondern denken Sie: «Der arme Mann oder die arme Frau da hinten ist eifersüchtig.» Sehen Sie sich wie durch eine Kamera bei Ihrer Eifersucht zu. Sie werden sofort bemerken, wie lächerlich und peinlich Ihr Auftreten wirkt. Mit etwas Übung können Sie sich dann bei jedem unangenehmen Gefühl von außen betrachten.

Im NLP nennt man diese mentale Distanzierungstechnik *Dissoziation*. Sie hilft Ihnen in vielen Lebensbereichen, die Wogen negativer Gefühle zu glätten: nicht nur bei Eifersucht, sondern auch bei der Zahnarztbehandlung, in der Prüfung oder beim Vorstellungsgespräch.

Aggressive Eifersucht

Die Grenzen zwischen aggressiver und lauter Eifersucht sind fließend. Ich möchte mit diesem Begriff jedoch auf eine Form von Eifersucht hinweisen, die nicht aus der Angst vor Liebesentzug entsteht. Es gibt Menschen, die andere mit ihrer Eifersucht traktieren, um sie zu quälen oder zu ärgern. Sie benutzen ihren Partner als eine Art Blitzableiter. Hier fungiert die Eifersucht als Ventil, um die eigene Wut auf etwas anderes abzubauen.

Sie kennen doch die Aggression von Autofahrern im Feierabendverkehr. Man kann es sich richtig gut vorstellen: Da wurde jemand von seinem Chef ungerecht behandelt. Er konnte sich nicht wehren, sondern hat sich mühsam zusammengerissen. Kaum sitzt er im eigenen Auto, fängt er an zu brüllen: «Du Blödmann!» Das sagt er jedoch nicht zu seinem Chef, sondern zu dem Autofahrer, der vor ihm fährt. Denn hier kann ihm ja nichts passieren, wenn er seiner Aggression freien Lauf läßt.

Ebenso kann es auch vorkommen, daß Sie mit schlechter Laune nach Hause kommen und es nicht ertragen können, Ihren Partner fröhlich und ausgeglichen zu sehen. Sie möchten einfach, daß sich andere Leute in Ihrer Umgebung genauso schlecht fühlen wie Sie. Also fangen Sie an, nach dem Haar in der Suppe zu suchen. In diesem Fall möchten Sie Ihren Partner eigentlich nur kränken und ihn verstimmen, wenn Sie ihm Vorhaltungen machen. Dies ist eine Pseudo-Eifersucht. Wenn Sie sich dabei ertappen, daß Sie Ihren Partner oder Ihre Partnerin eigentlich nur «piesacken» möchten, haben Sie im Grunde kein Eifersuchtsproblem. Dennoch ist Ihre Partnerschaft 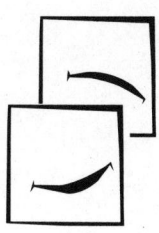 gefährdet, weil keine Beziehung als Blitzableiterfunktion für täglichen Ärger mißbraucht werden darf. Sie sollten in jedem Fall beginnen, Ihre Beziehung aktiv zu pflegen. Einige der Übungen im zweiten Teil können Ihnen dabei helfen.

Das Thema Sexualität

Zum Schluß dieses Abschnitts möchte ich noch kurz auf das Thema «Sexualität» eingehen. Auch Sie haben sicher schon oft den Satz gehört: «Man kann auch ohne Sexualität eine glückliche Partnerschaft haben.» Glauben Sie das bitte nicht! Zu jeder glücklichen Liebesbeziehung gehört eine erfüllte Sexualität. Manchmal können sich «Durststrecken» durch Streß, Schwangerschaft oder Krankheit ergeben. Glückliche Paare finden jedoch auch über Jahre immer wieder auf den Weg zum gemeinsamen sexuellen Leben zurück. Ist in Ihrer Beziehung die Sexualität schon seit Jahren eingeschlafen, sollten Sie eventuelle Eifersuchtsgefühle nicht unterdrücken. Denn in diesem Fall ist jede Form von Eifersucht völlig berechtigt.

Ich habe es immer wieder erlebt, daß auch bei noch so harmonischen Beziehungen ein Mangel an gemeinsamer Sexualität plötzlich einen der Partner – trotz vorheriger Liebesschwüre – ausbrechen läßt. Er oder sie holt dann mit anderen diesen so wichtigen Bereich des Erwachsenenlebens nach. Betrachten Sie Ihre Beziehung also trotz scheinbarer Harmonie durchaus als gefährdet, wenn die Sexualität nicht in Ordnung ist. Warten Sie möglichst gar nicht erst auf Eifersuchtsmomente. Wenn Sie Ihre Beziehung schützen und langfristig erhalten wollen, arbeiten Sie mit Ihrem Partner an diesem heiklen Thema, und suchen Sie gemeinsam Hilfe bei einem Sexualtherapeuten.

Übungen für die Psycho-Power

Sie haben schon gelernt, beim Thema Eifersucht verschiedene Perspektiven der Betrachtung durchzuspielen. In diesem Teil werden Ihnen konkrete Übungen zur Besänftigung Ihrer Eifersucht vorgestellt. Und Sie lernen, sich und Ihren Partner anhand sogenannter «Eifersuchtsfallen» besser zu verstehen. Damit können Sie aus Ihrer Beziehung sehr viel mehr «Psycho-Power» tanken als bisher. Wenn Ihre Beziehung zur geistigen, seelischen und körperlichen Kraftquelle wird, verschwindet die störende Eifersucht automatisch. Denn die Unsicherheit – der Nährboden der Eifersucht – wird dann zunehmend durch ein Gefühl von Sicherheit und Vertrauen ersetzt.

Soforthilfen

Die blaue Brille

Jedes quälende Eifersuchtsgefühl wird durch entsprechende Gedanken und Phantasien entfacht und aufrechterhalten. Sie laufen wie innere Filme ab. Stellen Sie sich nun vor, in Ihren «geistigen Bildschirm» hätte jemand einen intensiven Blaufilter eingebaut. Sie dürfen all Ihre Filme weiter ablaufen lassen – nur daß Sie diese jetzt wie durch eine «blaue Scheibe» sehen. Sie werden erstaunt sein, wie schnell Ihre hitzigen Gefühle abkühlen. Es ist, als würde der Körper bei diesen «blauen Gedanken» die Eifersuchtsgefühle ausschalten. Nach einer Weile haben Sie einen beruhigten Körper, einen «klaren Kopf» und können Ihre Reaktionen wieder lenken.

Zerstreuung

Intensive Eifersucht bewirkt auch starken körperlichen Streß, der durch unseren Nervenstoffwechsel hergestellt wird. Dabei entstehen sogenannte Streß-

stoffwechsel-Spitzen, die sich von allein wieder ab-
bauen, wenn sie nicht weiter «angeheizt» werden.
Aus diesem Grund ist bei Aufruhr der Gefühle *Zerstreuung* ein geeignetes Gegenmittel. Man sollte jedoch nicht aus dem Fenster schauen, Auto fahren
oder spazierengehen. Denn bei diesen Tätigkeiten
können die eifersüchtigen Gedanken weiter schweifen
und die Stoffwechsel-Chemie immer wieder in Wal-
lung bringen. Besser geeignet zur Zerstreuung sind ein
Buch oder Film, Kreuzworträtsel, Computerspiele
und angeleitete Aktivitäten wie Aerobic oder Tennis.
Ihre Gedanken *müssen* sich auf etwas anderes kon-
zentrieren und von den Eifersuchtsgrübeleien ablas-
sen. So erhält auch der Körper eine Chance, seinen to-
senden Stoffwechsel zu harmonisieren. Schon nach
einer halben Stunde können Sie Ihre Reaktionen wieder überdenken und bewußt beeinflussen.

Freundschaft mit dem «inneren Drachen»

Im NLP spricht man von den verschiedenen Persönlichkeitsteilen eines Menschen. Akzeptieren Sie, daß
es ein Teil Ihrer eigenen Person ist, der in Ihnen Eifersuchtsgefühle immer wieder inszeniert. Er arbeitet im
unbewußten Teil Ihrer Seelenlandschaft, denn Ihre be-
wußten und vernünftigen Teile haben sich ja dieses
Buch gekauft, um die Eifersucht zu besiegen. Aber

kann man seine unbewußten Persönlichkeitsteile ausschalten oder in die Flucht schlagen? Bedenken Sie
einmal, wie stark Ihr Eifersuchtsteil sich immer wieder meldet. Mit wieviel Phantasie er immer wieder
mißtrauische Gedanken und Bilder in Ihr Bewußtsein
schmuggelt. Dann erkennen Sie, daß Ihr Eifersuchtsteil Power, Durchsetzungsvermögen und strategische
Klugheit besitzt.

Probieren Sie einmal einen anderen Weg aus: Freunden Sie sich mit Ihrem Eifersuchtsteil an. Der
40jährige Bernhard empfand das als das Spannendste,
was er je erlebt hatte. Ich bat ihn, sich seine Eifersucht
in der Verkörperung eines Tieres, eines Menschen
oder eines Gegenstands vorzustellen. «Ich stelle mir
einen furchterregenden Drachen vor, der raucht und
wütend Feuer speit», berichtete er spontan. «Dann
sprich ihn einmal ganz freundlich an, und frage,
warum er so einen großen Feuerzauber macht»,
schlug ich vor. Bernhard sah mich zwar etwas zwei-
felnd an, wandte sich dann aber nach innen und be-
folgte meinen Vorschlag. Sofort mußte er lächeln:
«Das gibt's doch nicht», sagte er, «der Drache ant-
wortet: ‹Endlich bemerkt mich mal einer, schön, daß
du mit mir sprichst! Ich hab schon gedacht, keiner
wird mehr auf mich aufmerksam.› Er stellt sein Feuer
spontan ein und guckt mich freundlich an.»
Im Anschluß an diese Übung hatte Bernhard eine
Reihe von kreativen Einfällen, wie er sich in Gedanken seinem inneren Drachen weiter freundschaftlich

nähern konnte. Er bot ihm Kekse an und führte mit ihm viele Gespräche. «Heute kommt er mir vor wie ein innerer Freund», sagt Bernhard jetzt. «Wenn ich meine Eifersucht spüre, stelle ich mir gleich den Drachen vor und frage: ‹Was ist los, mein Freund?› Dann hört er sofort mit dem Feuerspucken auf, wir setzen uns zusammen hin und besprechen erst einmal alles. Inzwischen konnte ich ihm auch vermitteln, daß er mir mit dem Feuerzauber keinen Gefallen tut. Ich kann zwar seine gute Absicht verstehen: er möchte meine Beziehung erhalten. Als ich ihm dann vorhielt, daß bei seinen Inszenierungen das Gegenteil erreicht wird, schwieg er betroffen. Inzwischen hat er sich auch verwandelt: Irgendwie sieht er jetzt mehr wie ein chinesischer Drache aus, der ja bekanntlich auch Glück und Weisheit symbolisiert. Seitdem habe ich viele Ideen, meine Beziehung positiv zu gestalten. Meine Freundin scheint diese Verwandlung auch äußerlich zu bemerken: ‹Du wirkst in letzter Zeit so besonnen, wie ein ruhender Pol. Das mag ich viel lieber. Vorher warst du oft so angespannt und humorlos.› Mein Drache und ich sind jetzt offensichtlich auf dem richtigen Weg.»

Wenn Sie sich wie Bernhard durch Phantasievorstellungen leiten lassen können, bauen Sie ganz bewußt die innere Freundschaft mit Ihrem Eifersuchtsteil auf. Wie Sie sich ihn oder sie persönlich vorstellen, ist dabei ganz egal, ob als Drache, als freche Hexe, als fauchende Katze usw. Die Hauptsache ist, Sie gewinnen diesen Teil Ihrer Persönlichkeit als inneren Verbündeten. Durchlaufen Sie dabei innerlich eine «Freundschaftsstrategie».

- Stellen Sie sich Ihren Eifersuchtsteil symbolisch-bildlich vor.
- Sprechen Sie ihn in Gedanken an, und versuchen Sie, ihn irgendwie zu beruhigen oder zu besänftigen.
- Würdigen Sie seine gute Absicht: Er möchte im Grunde, daß Ihre Beziehung glücklich verläuft.
- Schildern Sie ihm genau, daß mit seiner «Arbeitsweise» die Beziehung eher leidet.
- Schicken Sie ihn nicht weg, sondern nutzen Sie ihn positiv: Bitten Sie ihn oder sie, die jetzige Arbeitsweise einzustellen und dafür aber Ihr innerer *kreativer Beziehungsberater* zu werden.
- Pflegen Sie ab jetzt diese neue innere Freundschaft.

Freundschaft mit dem «inneren Drachen»

Freunden Sie sich mit Ihrem Eifersuchtsteil an!

Ihr positives Selbstbild

Sind Sie eigentlich liebenswert? Beantworten Sie sich diese Frage gleich jetzt beim Lesen. Wenn Sie auch nur ein kleines inneres Zögern bei der Beantwortung dieser Frage spüren, sollten Sie an Ihrem Selbstbild arbeiten – selbst wenn die Antwort letztendlich ein «Ja» geworden wäre. Denn ein Zögern heißt nicht  «Ja», sondern nur «hoffentlich ja». Viele eifersüchtige Menschen sind sich nämlich nicht sicher, ob sie liebenswert sind. Anstatt zu glauben, daß sie es wären, müssen sie immer wieder Beweise von außen sammeln. Sagt der Partner: «Ich liebe dich», fühlen sie sich für kurze Zeit geliebt. Sagt der Partner diesen wichtigen Satz über längere Zeit hinweg nicht, verschwindet das Gefühl, geliebt zu werden, wieder. Denn viele Menschen können aus sich selbst heraus nicht die Sicherheit aufbauen, sich liebenswert zu fühlen.

Wer nicht eifersüchtig ist, zweifelt selten daran, der Liebe anderer Menschen wert zu sein. Diese Menschen sind zwar traurig, wenn es in der Partnerschaft Schwierigkeiten gibt, verlieren dabei jedoch nicht ihren grundsätzlichen Glauben an sich selbst. Wenn man diese Gewißheit nicht hat, entsteht immer wieder ein grausiges Gefühlsloch, sobald niemand anders den eigenen Wert bestätigt. Auf diese Weise entwickelt sich dann das subjektive Erleben, von der Liebe anderer Menschen abhängig zu sein. Sie fassen die Liebesbezeigungen ihres Partners nicht als schönes Geschenk auf, sondern als ein Mittel, um die ihnen unheimliche innere Leere zu füllen.

Viele Menschen versuchen, von äußeren Beweisen abzuleiten, wie liebenswert sie eigentlich sind. Sie suchen immer wieder Situationen, in denen andere sie wichtig finden müssen: sei es in der Chefrolle, als Besitzer eines imposanten Autos, der richtigen Uhr, beim Anblick des Bankkontos oder beim Ablesen der eigenen idealen Körpermaße. Erinnern Sie sich noch an die bekannte Frage eines Beatle-Songs: «Will you still love me, when I'm sixty-four?» Sie zielt auf den entscheidenden Punkt: Wer bin ich eigentlich für meinen Partner, wenn er oder sie mich als «Mensch pur» erlebt – ohne Bizeps, strammen Busen, die wichtige Position im Beruf oder das dicke Auto?

Sie selbst können sich ein stabiles Gefühl, liebenswert zu sein, über positive Selbstbildtechniken aufbauen. Stellen Sie sich zunächst Eigenschaften vor, an die Sie bei sich selbst fest glauben, z. B. «Ich bin zuverlässig» oder «ich kann gut lernen». Rufen Sie sich zu diesen positiven Glaubenssätzen innere Bilder und Filme ab, die Ihre eigene Person zeigen. Sie werden feststellen, daß Sie zu diesen «Pluspunkt-Sätzen»

überwiegend sympathische Selbstbilder von sich selbst abrufen.

Nun denken Sie intensiv an den Satz: «Ich bin liebenswert.» Was für Bilder tauchen hier vor Ihrem geistigen Auge auf? Sind sie genauso deutlich und sympathisch wie die vorherigen Pluspunkt-Bilder? Nehmen Sie sich Ihr Fotoalbum vor. Suchen Sie sich die Bilder mit Ihrer liebenswertesten Ausstrahlung heraus. Achten Sie gezielt auf «lebendige» Bilder und nicht auf makellose, aber gefühlsarme Vorzeige-Bilder. Suchen Sie sich auch Schnappschüsse heraus, die Sie im Kontakt mit anderen zeigen. Vielleicht lassen Sie sogar noch eine Reihe von Fotos anfertigen: Verarbeiten Sie mit Freund, Freundin oder Fotograf ruhig ein oder zwei Filme, um all Ihre Ausstrahlungsmöglichkeiten visuell einzufangen.

Fertigen Sie sich eine spezielle Foto-Sammlung mit Ihren liebenswerten Selbstbildern an. Bilder, bei deren Betrachtung Sie selbst empfinden: «Den Mann/diese Frau muß man einfach liebhaben – und es ist schön, von diesem Menschen auch geliebt zu werden.» Suchen Sie sich dann aus dieser Sammlung Ihr Lieblingsbild heraus. Machen Sie hiermit folgende Übung:

1. Schauen Sie sich Ihr Lieblingsbild zunächst an.

2. Legen Sie es dann weg, und behalten Sie es möglichst lebhaft in Ihrer Vorstellung.

3. Nun machen Sie dieses Bild «lebendig»: Vergrößern Sie es bis auf «Live-Format», leuchten Sie es gut aus, lassen Sie die Farben echt wirken.

4. Bringen Sie jetzt Bewegung in Ihr Selbstbild: Machen Sie es dreidimensional und lebendig. Ihr Selbstbild bewegt sich, spricht oder lacht.

5. Wenn Ihnen die Ausstrahlung so richtig gut gefällt, nehmen Sie dieses lebendige Selbstbild richtig in sich auf. Sie kennen doch Aussagen wie «jemand hat einen Platz in meinem Herzen» oder «jemand geht mir im Kopf herum». Entsprechend fühlen Sie Ihr positives Selbstbild mit seiner «liebenswerten Energie» in Ihrer Person.

6. Wiederholen Sie diese Übung drei Wochen lang möglichst täglich.

Schon nach einer Woche spüren Sie den positiven Effekt: Sie fühlen sich auch liebenswert, wenn in der Partnerschaft einmal nicht alles rosig ist, und können gelassen einen inneren oder äußeren Abstand zum Partner durchhalten. Auch Ihr Partner entspannt sich, da er sich unbewußt nicht mehr verpflichtet fühlt, Ihnen Liebesbeweise zu erbringen. Und er genießt es mehr und mehr, in Ihrer Nähe zu sein. Denn Sie haben jetzt die positive Ausstrahlung eines Menschen, der auch sich selbst liebhaben kann.

Übrigens: Glauben Sie nicht, durch eine solche Übung könne man egoistisch werden. Das Gegenteil ist der Fall: Durch Ihre innere Zufriedenheit haben Sie es gar nicht mehr nötig, panisch und zwanghaft auf Ihren Vorteil zu achten. Sie können sich jetzt durch Ihre eigenen Quellen innerlich sättigen.

Liebe geht durch den Magen...

Kennen Sie die berühmten kleinen Liebespaar-Comics, die immer mit dem Satz beginnen: «Liebe ist...» – und dann kommen so kleine Ausführungen wie «...ihr einen Tee zu kochen, wenn sie erkältet ist.» Tatsache ist, daß Menschen Tausende von Möglichkeiten kennen und anwenden, um anderen ihre Liebe zu zeigen. Nur – sie sind sich nicht immer in der Bewertung ihrer Liebesbeweise einig. Unter den Liebes-Mißverständnissen gibt es eine ganze Reihe von Klassikern:

- ER versteht unter Liebe, IHR die Existenz zu sichern und der Familie ein angenehmes materielles Leben zu ermöglichen. SIE versteht unter Liebe, zusammen einen schönen Abend zu verbringen. Natürlich ist SIE dann enttäuscht, wenn er abends oft spät nach Hause kommt. ER wiederum versteht nicht, warum er für seine Liebesbeweise nur ein beleidigtes Gesicht erntet und am Ende noch hört: «Du liebst mich ja gar nicht!»

- SIE hat gelernt, daß Liebe durch den Magen geht, und kocht die tollsten Gerichte. ER versteht unter Liebe, daß man an freien Tagen gemeinsam etwas Schönes unternimmt, und versteht nicht, warum sie in der kostbaren freien Zeit am Wochenende immer stundenlang in der Küche steht.

Natürlich sind diese beiden Beispiele eher Klischees. Doch Klischees sind sehr gut geeignet, ein Muster aufzuzeigen. Dieses Muster zeigt, wie sehr sich Menschen in allerbester Absicht und voller Liebe das Leben gegenseitig schwermachen können. Paare machen sich unglücklich, weil keiner dem anderen verrät, was er unter Liebe versteht. Eine Klientin von mir hatte beispielsweise einen netten neuen Freund. Sie nahm ihn mit zu einem Gartenfest und stellte ihn ihrem Bekanntenkreis vor. Hinterher war sie furchtbar eifersüchtig, weil er mit einigen ihrer Freundinnen viel gesprochen hatte. «Das fängt ja gut an», beklagte sie sich enttäuscht. Auf meinen Rat hin klärte sie diese Situation in einem Gespräch mit ihrem Freund. «Also, jetzt schäme ich mich richtig», berichtete sie das nächste Mal. «Stellen Sie sich vor: Er hatte eigentlich gar keine Lust, mit meinen Freundinnen zu reden. Er tat es nur mir zuliebe, damit man einen guten Eindruck von ihm bekommt und ich bei meinen Freundinnen gut dastehe.»

Im NLP sagt man, daß jeder Mensch innerlich seine eigene Landkarte von der Welt hat. Bei dem einen heißt der höchste Berg «Geld für die Familie verdienen». Bei dem Partner hingegen trägt nur ein kleines Hügelchen diesen Namen. Bei einem weiteren ist die «soziale Anerkennung» ein großer Ozean, beim näch-

sten ein kleiner Bach. In einer Partnerschaft muß nicht der eine unbedingt die Landkarte des anderen übernehmen. Beide sollten jedoch die Landkarte des anderen verstehen und respektieren lernen.

Gehen Sie daher beim Thema «Liebesbeweis» nicht von Ihrem eigenen Wertesystem, sondern von dem Ihres Partners aus. Machen Sie sich auch Ihre eigene «innere Landkarte der Liebe» bewußt, und erklären Sie diese Ihrem Partner, damit er eine Chance bekommt, sie kennenzulernen. Zur Übung fertigen Sie sich zwei Listen an:

- «Wie zeige ich meine Liebe?»
  1. . . . .
  2. . . . .
  3. . . . .
  usw. . . . .

- «Wie zeigt mein Partner/meine Partnerin seine oder ihre Liebe?»
  1. . . . .
  2. . . . .
  3. . . . .
  usw. . . . .

Stellen Sie auch die Frage: Wie zeigen wir jeweils unsere Liebe, wenn andere Menschen dabei sind? Vergleichen Sie diese beiden Listen, und bestimmen Sie dabei mögliche «Eifersuchtsfallen». Sie werden entdecken, daß die meisten dieser «Eifersuchtsfallen» das Ergebnis von Mißverständnissen sind.

Machen Sie nun einen Monat lang mindestens einmal wöchentlich einen «Liebes-Check»: Nehmen Sie bewußt wahr, wann, wie oft und wodurch Ihr Partner Ihnen seine Liebe gezeigt hat. Aber benutzen Sie dazu die Kriterien vom *Liebesrezept Ihres Partners* – und stellen Sie Ihre eigenen Kriterien hintenan. Nur so können Sie wahrnehmen, wie wertvoll Sie Ihrem Partner sind.

Wöchentlicher «Liebes-Check»

Der gewisse Unterschied

Zum Thema «unterschiedliche Liebesrezepte» möchte ich an dieser Stelle das Buch *Du kannst mich einfach nicht verstehen* von Deborah Tannen erwähnen. Sie beschreibt darin, daß Frauen und Männer eine ganz unterschiedliche Art der Kommunikation zeigen. Paare verunsichern sich gegenseitig, weil sie den Kommunikationsstil ihres oder ihrer Liebsten nicht verstehen. So bauen sich im Laufe der Zeit Gefühle von Enttäuschung oder gar Verlassensein auf, die ein idealer Nährboden für quälende Eifersucht werden können.

Deborah Tannen spricht in ihrem Buch übrigens von «Psycholinguistik». Dieser Begriff weist eine Verwandtschaft mit dem Begriff «Neurolinguistik» auf. Und tatsächlich passen ihr Ansatz und das NLP hervorragend zusammen. 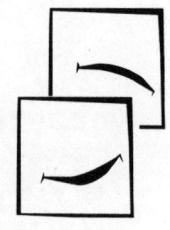 NLP legt großen Wert darauf, die Welt in den Köpfen unserer Mitmenschen kennenzulernen und zu verstehen, damit wir mit ihnen fruchtbar kommunizieren können. Solange Sie davon ausgehen, daß es im Kopf Ihrer Mitmenschen genauso wie in Ihrem aussieht, werden Sie sich immer wieder unglücklich machen. Auch wenn Sie sich Ihrem Partner oder Ihrer Partnerin noch so nah fühlen – denken Sie immer daran, daß Sie beide eine ganz verschiedene innere Welt haben können.

Natürlich darf man die jeweiligen von Deborah Tannen dargestellten männlichen und weiblichen Kommunikationsprofile nicht als Schubladen verstehen, die immer und für jeden gelten. Sehen Sie es als eine kleine Trendmeldung an, und betrachten Sie Ihren Partner einmal anhand der Mann und Frau zugeordneten Kommunikationseigenschaften.

Frauen fühlen sich in der *symmetrischen* Kommunikation wohl. Gespräche haben für sie den Zweck, sich einander nahe und verbunden zu fühlen, Gedanken und Gefühle auszutauschen. Frauen neigen dazu, mit Sprache ihr *momentanes Gefühl* auszudrücken. Dabei können sie durchaus heute sagen «Ich liebe dich» und morgen «Ich kann dich nicht ertragen». Entsprechend erwarten Frauen auch häufige Liebesaussagen ihres Partners. Hat er ihr lange nicht mehr gesagt «Ich liebe dich», zweifelt sie an seiner Liebe.

Männer nutzen Gespräche, um ihren Platz in der Hierarchie zu bestimmen und zu demonstrieren. Dabei wenden sie überwiegend die sogenannte Berichtsprache an: Sie stellen Fakten, Ansichten und Lösungsvorschläge für große und kleine Probleme dar. Diese «Beiträge» gleichen «Sendungen», die gestaltet werden, um möglichst hohe «Einschaltquoten» zu bekommen. Nähe, Gefühls- und Gedankenaustausch sind weniger wichtig. Im Vordergrund steht eher das Motto «Ein Mann – ein Wort». Deshalb sagen sie auch nicht so oft «Ich liebe dich». Sie haben das Gefühl, damit eine für viele Jahre gültige Erklärung abgegeben zu haben und diesen Satz – wenn er einmal gesagt ist – nicht wiederholen zu müssen. Die Partnerin müßte ja nun für alle Zeiten wissen, daß er sie liebt.

Dieser kommunikative Unterschied nährt häufig auch die Eifersucht. Frauen fühlen sich oft zurückgewiesen, wenn sie dem Partner ihre Sorgen – auch in puncto Eifersucht – erzählen. Angela beklagt sich beispielsweise bei ihrem Partner Siegfried: «Ich war traurig, als du bei der Party die ganze Zeit mit Irmgard gesprochen hast.» Daraufhin sagt er: «Dann mache ich das nicht wieder – so toll ist Irmgard nun auch nicht.» Für ihn ist der Fall klar – und Angela ist enttäuscht. Sie wollte lieber hören: «Liebling, was hast du durchgemacht, das tut mir so leid, ich wußte ja gar nicht, wie du das auffaßt.» Denn für sie ist ja das gemeinsame Gespräch ein Ausdruck von Nähe. Daher ist sie an Lösungen gar nicht interessiert, weil damit das Gespräch viel zu abrupt beendet wird. Sie fühlt sich allein gelassen. Siegfried hingegen denkt, daß er positiv reagiert hat, weil er sofort spontan und selbstlos – wie gute Männer nun einmal sind – eine Lösung des Problems angeboten hat. Er hat ihr gezeigt: «Ich bin ein großer, starker (hierarchisch hochstehender) Mann, du kannst dich auf mich verlassen.» Er versteht nicht, warum Angela trotzdem verstimmt bleibt.

Angela hingegen unterhält sich im Tennisclub vielleicht mit einem Vereinspartner. Siegfried kommt hinzu. «Hast du auch genug Geld eingesteckt? Wir wollten doch noch essen gehen», sagt sie zu ihm im Beisein des Dritten. Nachher ist Siegfried sauer. Angela weiß überhaupt nicht, warum. Sie kann nicht wissen, daß sie Siegfried mit ihrer Frage nach dem Geld auf der imaginären Hierarchieleiter heruntergestuft hat. Auf der Grundlage dieses Schemas hat sie nämlich demonstriert, daß man ihn kontrollieren muß, ihm nicht zutrauen kann, daß er von allein an das Geld denkt. Und das vor einem anderen Mann! Angela würde bei dieser Erklärung nur erstaunt sagen: «Aber ich wollte doch wirklich einfach nur wissen, ob wir Geld dabeihaben.» Auf diese Weise haben schon viele Frauen «einfach nur» etwas gesagt oder gefragt und sich über die Wirkung gewundert, weil ihnen die männlich-hierarchische Bewertung von Kommunikation fremd ist.

Die Übung zu diesem Thema ist eigentlich sehr einfach. Betrachten Sie Ihren Partner einmal durch die hier vorgestellten Kommunikationsbrillen. Vielleicht können Sie dann einige seiner oder ihrer Reaktionen besser verstehen.

Sinnes-Typen in der Partnerschaft

Wir Menschen nehmen unsere Umwelt über die fünf Sinne wahr: Sehen, Hören, Fühlen, Riechen und Schmecken. Im NLP hat man nun herausgefunden, daß zwar jeder Mensch die gleichen Sinneskanäle besitzt, daß die einzelnen Menschen jedoch unterschiedliche Vorlieben für einen oder mehrere Sinneskanale haben. Diese Vorlieben sind meist nicht bewußt. Natürlich nehmen wir über diesen bevorzugten Sinneskanal auch unseren Partner wahr. Denken Sie einmal über Ihr persönliches Erleben von Liebe und Eifersucht nach, und überlegen Sie, ob Sie sowohl sich selbst als auch Ihren Partner einem der folgenden «Sinnes-Typen» zuordnen können.

1. Der visuelle Typ

Dieser Mensch erlebt die Liebe über das Auge. Er oder sie genießt es, den Partner immer wieder als visuell attraktiv zu erleben. Dabei spielen nicht unbedingt teure Markenprodukte eine Rolle. So kann er sich auch freuen, wenn sie bei der Gartenarbeit zwei niedliche geflochtene Zöpfe trägt. Hauptsache, das Auge hat seinen Spaß. Der Augenmensch schätzt natürlich den intensiven Blickkontakt in der Liebe.

Eifersuchtsfalle:

Der visuelle Typ fühlt sich ausgeschlossen, wenn der Partner «nur Augen» für einen Dritten hat. Er sagt typischerweise: «...und du hast kein einziges Mal zu mir herübergeschaut!» Das eigentliche Gespräch zwischen den beiden findet er weniger bedrohlich – solange der Partner ab und zu einmal «herüberguckt» oder gar «herüberzwinkert». Er mag es auch nicht, wenn sich der Partner «nur für andere» zurechtmacht. Er fühlt sich geliebt, wenn sich der Partner oder die Partnerin auch aus reiner Liebe «nur für zu Hause» toll anzieht. Entsprechend fühlt sich der visuelle Typ auch zurückgestoßen, wenn der Partner nicht würdigt, wieviel Mühe er sich selbst mit dem Äußeren gibt. Worte und Berührung können auch wichtig sein, jedoch geben die visuellen Eindrücke den Ausschlag für das Liebes- und Eifersuchtsleben. Diese Menschen bevorzugen auch geschriebene – sichtbare – Liebesworte gegenüber gesprochenen.

2. Der auditive Typ

Wie nicht anders zu erwarten, liebt der auditive Typ Worte und Gespräche in der Liebe. Er oder sie mag gern stundenlanges «Liebesgeflüster» – auch am Telefon – und schätzt natürlich auch «Liebe mit Musik». Auditive Menschen können sich regelrecht in eine

Stimme verlieben. Das ist ihnen manchmal sogar wichtiger als der visuelle Eindruck. Zumindest würde der auditive Typ auch bei dem optisch tollsten Partner niemals eine unangenehme Stimme ertragen können. Entsprechend allergisch reagieren sie auf in ihren Ohren unattraktive Geräusche wie Schlürfen, Schnarchen oder «Gekreische».

Eifersuchtsfalle:

Der auditive Typ erträgt es nur schwer, Partner oder Partnerin mit einem Dritten beispielsweise zusammen lachen zu hören. Er wird mißtrauisch, wenn die beiden zu lange miteinander reden. Es macht ihm viel weniger aus, wenn Partner oder Partnerin beispielsweise mit anderen tauchen oder sogar in die Sauna – mit Redeverbot – gehen. Der auditive Typ ist in Gefahr, die visuellen oder auch körperlichen Liebeszeichen des Partners manchmal «auszublenden». So beachtete es eine Klientin von mir kaum, wenn ihr Mann sie beschenkte. Viel wichtiger war, daß es regelmäßig gute Gespräche gab. Der auditive Typ erregt manchmal viel Unwillen in der Partnerschaft, weil für ihn der Blickkontakt – auch beim aufmerksamsten Zuhören – nicht besonders wichtig ist.

3. Der kinästhetische Typ

Hiermit ist im NLP der «Fühl-Mensch» gemeint. Für diese Menschen ist Körperkontakt das Allerwichtigste in der Liebe. Sie wehren sich beispielsweise mit Händen und Füßen gegen getrennte Schlafzimmer, was hingegen dem auditiven Typ – wegen des Schnarchens – oft ein regelrechtes Bedürfnis ist. Der kinästhetische Typ liebt auch die kleinen Alltagsberührungen über alles: Küßchen hier und da, flüchtiges Über-den-Arm-Streichen, herzhaftes Drücken, Händchenhalten ohne Worte.

Eifersuchtsfalle:

Natürlich reagiert der kinästhetische Typ auf alle Berührungen empfindlich, die er zwischen seinem Partner und einem Dritten erlebt. Er kann es ertragen, daß die beiden sich stundenlang unterhalten – aber wenn der oder die Liebste mit jemand anderem auf die Tanzfläche geht, wird's brenzlig. Diese Menschen fühlen sich oft zurückgestoßen, wenn der Partner vorübergehend keine Berührung mag – was beim auditiven oder visuellen Typ durchaus vorkommen kann. Manchmal unterschätzen kinästhetische Typen die Bedeutung des Visuellen und Auditiven in der Partnerschaft. Sie verstehen beispielsweise nicht, daß sie den visuellen Partner kränken, wenn sie immer in den gleichen Sachen herumlaufen – weil diese «kinästhetischerweise» so bequem sind. Oder sie wundern sich über die Klagen ihres Partners, daß man nicht genug miteinander spricht – denn: «Hauptsache, man ist zusammen!»

4. Der olfaktorische und der gustatorische Typ

Hiermit sind der «Nasen-Mensch» und der «Geschmacks-Mensch» gemeint. Der «Geschmacks-Typ» findet wirklich, daß Liebe durch den Magen geht. Er schätzt beispielsweise ein köstliches Mahl als Auftakt für eine schöne Liebesnacht. Der «Nasen-Mensch» ist in seiner Sinneskanal-Vorliebe oft ausgeprägter, als man denkt. Für diese Menschen ist der Duft oder Geruch ihres Partners außerordentlich wichtig, um sich verlieben und lieben zu können. Hiermit ist nicht nur Parfüm oder After-shave gemeint. Jeder Mensch hat auch eine ganze Reihe von körpereigenen Düften, welche die meisten nur unbewußt registrieren. Der

«Nasen-Mensch» jedoch riecht diese feinen Nuancen des menschlichen «Körper-Parfüms» unabhängig von Bad und Dusche ganz deutlich. Er kann sogar am Körpergeruch verschiedene Stimmungslagen «wittern».

Eifersuchtsfallen:

Hier sind die Fallen nicht ganz so deutlich ausgeprägt wie bei den anderen «Sinnes-Typen». Auf jeden Fall passiert es den «Nasen-Menschen» oft, daß sie jemand anders «nicht riechen» können. Erleben sie Partner oder Partnerin zusammen mit einem «geruchsunsympathischen» Menschen, kann das Mißtrauen auslösen. Weiterhin fällt dem «Nasen-Menschen» sofort auf, wenn der Partner anders als sonst riechend – und sei es nur mit einem minimalen Dufthauch – nach Haus kommt. Sofort

Sinnes-Typen in der Partnerschaft

Der visuelle Liebes-Typ will sehen und gesehen werden.

Der auditive Liebes-Typ will hören und sprechen.

Der kinästhetische, körpergefühl-betonte Liebes-Typ will spüren.

entsteht die Frage: «Wo bist du gewesen?» Geht der Partner auffallend gut nach Parfum riechend aus dem Haus, denkt der «Nasen-Mensch» sehr schnell, er oder sie habe etwas Besonderes vor.

Machen Sie sich einmal anhand der hier vorgestellten Beschreibungen einige bewußte Gedanken über sich selbst und Ihre Partnerschaft. Es kann natürlich auch sein, daß auf Sie oder Ihren Partner eine Typen-Mischform zutrifft. Fassen Sie diese Kategorien also wieder eher als eine Hilfe zum Nachdenken auf.

■ Was für ein Sinnes-Typ bin ich in der Liebe?

. . . .

. . . .

■ Was für ein Sinnestyp ist mein Partner in der Liebe?

. . . .

. . . .

■ Welche «Eifersuchtsfallen» ergeben sich daraus für unsere Partnerschaft?

. . . .

. . . .

■ Wie können wir uns gegenseitig «Sinnes-Sicherheit» geben?

. . . .

. . . .

Die Schule des Wünschens

Sicher wundern Sie sich beim Lesen dieser Über-
schrift. «Wünschen kann doch jeder», werden Sie
denken. «Warum sollte man dafür noch eine Schule
besuchen?» Vielleicht fallen Ihnen dabei die mehr
oder weniger langen Listen ein, die Sie als Kind an den
Weihnachtsmann geschrieben haben.

In eine Partnerschaft gehen Menschen voller Wünsche. Doch kaum einer kann dem Partner seine Wünsche richtig mitteilen oder verständlich machen.

Schon in den vorherigen Kapiteln haben wir über die
unterschiedliche Welt in den Köpfen der Menschen
gesprochen. Sie erinnern sich noch daran, daß das
«Verstehen ohne Worte» eine potentielle Eifersuchtsfalle in sich birgt. Manuela denkt vielleicht: «Paare
machen alles zusammen, wenn sie auf einer Feier oder
Party sind.» Sie kommt gar nicht auf die Idee, daß
dies *ihre ganz persönliche Wunschvorstellung* ist. Weil
sie denkt, daß Paare sich ganz allgemein so verhalten
müssen, hält sie es auch nicht für nötig, ihrem Freund
Dietmar von diesem Wunsch zu erzählen. Sie fällt aus
allen Wolken, als Dietmar auf einer Fete mit vielen
anderen Leuten spricht und sogar mit anderen Frauen

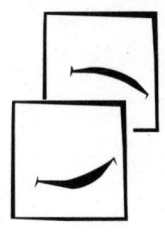

tanzt – und wird furchtbar eifersüchtig. Denn schließlich hat Dietmar ihr heute abend etwas Schreckliches angetan. Es ist ja selbstverständlich – denkt Manuela –, daß er um ihre Vorstellung weiß. Die Tatsache, daß er sich trotzdem anders verhält, kann nur eines bedeuten: er will sie ärgern, oder schlimmer noch: er liebt sie nicht mehr. Und genau das knallt sie ihm am nächsten Tag wütend an den Kopf.

Dietmar hingegen hat schon immer gedacht: «Glückliche Paare haben einen großen Freundeskreis. Daher beschäftigt man sich auf Feiern und Parties viel mit anderen Leuten.» Entsprechend sauer ist er jetzt auf Manuela: «Du blamierst mich immer vor allen Leuten, wenn du mit einem beleidigten Gesicht in der Ecke stehst!»

Aus so einer Konstellation kann ein großes Eifersuchtsdrama werden. Denn vielleicht wird sich Manuela das nächste Mal ganz auffällig an einen anderen Mann heranmachen, damit «Dietmar einmal sehen kann, wie das ist». Und so weiter, und so fort. Ein Teufelskreis ist entstanden.

Eigentlich verbirgt sich hinter Manuelas wütendem «Du liebst mich nicht!» ein Wunsch. Der könnte so lauten: «Sag mal, könntest du nicht bei der nächsten Party ein bißchen öfter mit mir zusammensein? Ich brauche das irgendwie, um mich wohl zu fühlen.» Dietmar hat jedoch keine Chance, diesen Wunsch zu erkennen. Er hört nur den bitteren Vorwurf, gegen den er sich verteidigen muß. Generell läßt sich sagen:

Hinter jedem Vorwurf und hinter jeder Eifersucht steckt eigentlich ein Wunsch an den Partner. Vorwürfe verschrecken und verärgern die Menschen jedoch. Sie fühlen sich dann nicht mehr in der Lage, einen Wunsch zu erfüllen.

Dabei erfüllt eigentlich jeder Mensch gern Wünsche. Wer ist nicht gern großzügig? Das Erfüllen von Wünschen hat nichts mit Pflicht zu tun, sondern mit dem Spaß am Geben. Es ist das eigentliche Geheimnis einer glücklichen Partnerschaft, die immer von zwei ganz unterschiedlichen Menschen eingegangen wird. Und es ist auch nicht wünschenswert, daß sich der einzelne auf Biegen und Brechen ändert. Eine Partnerschaft lebt von dem Unterschied zwischen beiden. Sie müssen nur lernen, Ihrem Partner Ihre Wünsche auch als Wünsche erkennbar zu machen – und nicht als Hausaufgaben.

Lernen Sie zunächst, zwischen Beziehungskillern und Zauberworten zu unterscheiden.

Beziehungskiller:
«Du liebst mich nicht, du magst mich nicht...» usw.
Dies sind Vorwürfe und Behauptungen, gegen die sich der Partner einfach wehren *muß*.
«Immer machst du, nie tust du, ständig bist du...» usw.
Diese Bemerkungen enthalten Generalisierungen. Sie unterstellen, daß der Partner sich immer und pausenlos danebenbenimmt. Da fallen ihm natürlich voller

Empörung alle Momente ein, in denen er sich positiv verhalten hat – und er reagiert gekränkt. Nicht viel besser hört sich an:

«Ach, wenn du wenigstens nur einmal ...»

Das heißt zwischen den Zeilen: «Eigentlich benimmst du dich permanent daneben.» Schon muß sich der Partner wieder wehren.

Zauberworte:

«Ich wünsche mir, daß du ...»

«Es wäre toll, wenn du ...»

Sie sollten diese Sätze positiv weiterführen. Wenn Sie sagen: «Es wäre toll, wenn du mich nicht immer in der Ecke herumstehen lassen würdest», machen Sie die Aussage wieder zu einem «Beziehungskiller». Sie beschreiben, was Sie *nicht* möchten. Ihr Wunsch sollte ausdrücken, was *tatsächlich* geschehen soll:

«Ich wünsche mir, daß wir uns auf einer Party auch mal zusammentun und zu zweit Spaß haben.»

Das Gehirn Ihres Partners findet es sehr umständlich, sich vorzustellen, was er *nicht tun soll*. Er kann Ihnen Ihre Wünsche viel besser erfüllen, wenn sie in seinem Kopf als *inhaltlich-konkrete Bilder* erscheinen.

Nun kann es passieren, daß der Partner trotz einer zielorientierten Formulierung sagt: «Ich möchte die Zeit eigentlich nutzen, um auch mit den anderen Leuten Kontakt zu haben – ich seh die sonst so selten.» In diesem Fall sollten Sie Ihre Vorstellungen ganz genau aufeinander abstimmen:

«*Für mich wäre es völlig o. k., wenn wir* uns nur mal für zwei, drei Minuten zusammentun: uns erzählen, wie wir die Party finden, zusammen zum Büffet gehen – also nichts Stundenlanges.»

Antwort: «Ach, wenn das so ist, natürlich ist das o. k.!»

Es kann nämlich sein, daß sich der Partner unter dem Begriff «immer mal zusammentun» vorgestellt hat, daß er eine halbe Stunde lang eisern neben Ihnen sitzen soll. Das genaue Vergleichen der Wünsche und Gedanken nähert die verschiedenen Vorstellungswelten aneinander an, und das erhöht die Chance, daß Wünsche erfüllt werden.

Es kann auch sein, daß Ihr Partner mit einem Wort etwas anderes als Sie selbst verbindet. Sie bitten ihn vielleicht, sich um Sie zu «kümmern». Sie meinen damit, man sollte ab und zu miteinander sprechen, tanzen oder lachen. Ihr Partner hingegen stellt sich darunter vor, daß man sich gegenseitig am Ellenbogen stützt oder einander fürsorglich den Schweiß von der Stirn tupft – und lehnt diese Vorstellung zunächst ab.

Wenn Sie dieses linguistische Handwerkszeug der «Schule des Wünschens» mehr und mehr einsetzen, werden Sie staunen, wie gern Ihr Partner Ihnen entgegenkommt. Das Wort «Schule» wurde bei dieser Wunschtechnik nicht umsonst gewählt. Man muß sich mit seiner Wortwahl eine Weile intensiv beschäftigen, bis das Gelernte in Fleisch und Blut übergegangen ist.

Die Schule des Wünschens

«Nie machst du...»

«Immer bist du...»

«Du liebst mich nicht!»

Lernen Sie, im Gespräch mit Ihrem Partner «Killer-phrasen» zu vermeiden und statt dessen...

«Ich wünsche mir...»

«Würdest du bitte...»

«Du bist toll!»

...Ihre Wünsche zu äußern. Geben Sie ihm so die Chance, Sie glücklich zu machen.

Zum Thema «Zielorientierung» sei noch gesagt: Sprechen Sie Ihren Partner immer wieder darauf an, wenn er sich ganz nach Ihren Wünschen verhält, z. B.: «Ich fand den Abend gestern toll, wir haben so viel Spaß gehabt. Ich finde dich super!» Ihr Partner fühlt sich dann ausgezeichnet, weil er Ihre ausgesprochenen und geheimen Wünsche erfüllt hat.

Zuverlässigkeit – der größte Eifersuchtskiller

Apropos « Schule des Wünschens »: Ich möchte Ihnen an dieser Stelle Mut machen, sich von Ihrem Partner Zuverlässigkeit in der Beziehung zu wünschen. Dazu gehören Pünktlichkeit und das Einhalten von Versprechungen. Natürlich sollten Sie nicht mit der Stoppuhr arbeiten, um die Zuverlässigkeit Ihres Partners zu kontrollieren. Es geht vielmehr um Ihre persönliche Freiheit. Wenn Ihnen Ihr Partner wichtig ist, freuen Sie sich auf die gemeinsamen Augenblicke. Sagt er nun, er käme um acht Uhr und erscheint statt dessen um zehn Uhr, so haben Sie zwei kostbare Stunden Ihres Lebens für Warten und Hoffen vergeudet. Denn es ist ganz natürlich, daß Sie sich auf die gemeinsame Zeit regelrecht « einstellen ». Da ist es sehr schwer, sich wieder « abzustellen ». Wenn Ihr Partner jedoch anruft und sagt: « Es wird ein, zwei Stunden später », können Sie « abschalten » und etwas anderes Schönes tun. Es ist heutzutage nahezu immer möglich, bei Verspätungen rechtzeitig Bescheid zu sagen. Auch Versprechungen müssen nicht auf Biegen und Brechen funktionieren. Aber Sie dürfen erwarten, daß Ihr Partner sagt: « Tut mir leid, das hat nicht so geklappt, wie ich dachte. »

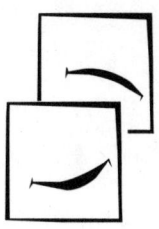

Der Liebeszauber der Zuverlässigkeit besteht darin, daß Paare ein stabiles und sicheres Gefühl füreinander aufbauen. Im NLP spricht man von einem «Anker», wenn eine Wahrnehmung ein bestimmtes inneres Erleben auslöst. Auch der Partner ist ein Anker. Wenn er zuverlässig ist, stellt sich ein Anker-Effekt ein: Sie sehen Ihren Partner oder hören seine Stimme und verbinden mit dieser Wahrnehmung ein ruhiges und sicheres Gefühl. Sehen Sie ihn dann auf einer Party mit anderen sprechen, löst auch dieser Anblick wieder das ruhige und sichere Gefühl aus. Ihr Unbewußtes verknüpft jetzt den Partner mit diesem Gefühl der Sicherheit. Dieses Gefühl ist der beste «Eifersuchtskiller», den es gibt.

Es gibt Menschen, denen Zuverlässigkeit schwerfällt. Hier nützt überhaupt kein Streiten und Fordern, sondern ein klärendes Gespräch in einer ruhigen Stunde. Sagen Sie nicht «Du mußt», «Du sollst», sondern versenden Sie sogenannte Ich-Botschaften. Erzählen Sie einfach, wie es Ihnen geht, wenn man Sie hängenläßt, und vermitteln Sie den positiven Sinn des Sicherheitsgefühls in der Partnerschaft.

Eines müssen Sie jedoch nicht glauben: unzuverlässige Menschen behaupten gern, daß diejenigen, die sich von ihnen Pünktlichkeit und Zuverlässigkeit wünschen, ihre Freiheit einschränken. Seien Sie sich ganz sicher: das Gegenteil ist der Fall. Dem Wartenden wird Zeit und Freiheit geraubt. In dieser Zeit geht es dem Unzuverlässigen meist sehr gut – und das ist ungerecht. Fünf Minuten Zeit, um Sie anzurufen und über die Verspätung zu unterrichten, sind eine Selbstverständlichkeit, die jeder ohne große Qualen erfüllen kann.

Der Klügere beugt vor

Es gibt Menschen, die chronisch eifersüchtig sind. Es gibt aber auch jene, die sich in ihrer Partnerschaft supersicher und pudelwohl fühlen – und dann plötzlich von Eifersuchtsgefühlen überrascht werden. Das geschieht meistens, wenn der Partner sich plötzlich und unvorhersehbar auf andere Menschen hin orientiert und sie sich ausgeschlossen und verlassen fühlen.

Ich kann Ihnen jedoch versichern, daß dies nicht «plötzlich und unerwartet» geschieht. Schert ein Partner aus, hat es meist eine lange Vorgeschichte gegeben, die der überraschte Partner verträumt oder übersehen hat. Hans-Peter z. B. war tief getroffen, als sich seine Freundin Jasmin ohne ihn bei einem Tanzkurs angemeldet hatte. Nicht, daß er gern mitwollte, ganz im Gegenteil! Jasmin hatte ihn zwei Jahre lang bekniet, mitzukommen, aber er hatte einfach keine Lust. «Ich dachte immer, sie würde unzulässigerweise in mein Leben eingreifen wollen, und habe ihren Wunsch abgewehrt. Jetzt erst verstehe ich, daß ich ja auch in ihr Leben eingegriffen habe, indem ich es als Partner strikt ablehnte, sie zu begleiten.»

Hans-Peters Bemerkung spricht Bände. Wenn es in

der Partnerschaft kriselt, findet der Zurück- oder Alleingelassene plötzlich, daß ihm oder ihr die Partnerschaft die wichtigste Sache der Welt ist und daß er ohne den anderen verloren ist. Doch wenn Partnerschaft etwas so Kostbares ist, erstaunt es, wie wenig sich die Menschen oft um den oder die Liebste kümmern.

Offensichtlich scheint Sicherheit in der Partnerschaft dazu herauszufordern, die Beziehung nicht mehr zu pflegen. Das ist so, als würde man sagen: Meine Zimmerpflanze sieht so schön grün aus – da brauche ich sie ja in den nächsten vier Wochen nicht mehr zu gießen. Schöne Beziehungspflanzen gehören zu einer Gattung, die täglich Wasser braucht. Denn wer hat schon Lust auf einen stacheligen, harten Beziehungskaktus, der kaum begossen werden muß?

Und wenn es nun stimmt?

Unangemessene Eifersucht kann die schönste Liebesbeziehung verderben. Doch wenn Sie erfahren haben,
daß Ihr Partner neben Ihnen noch eine Beziehung unterhält oder einen Seitensprung unternommen hat, ist
Eifersucht ein normales Gefühl. Natürlich leben Sie
jetzt in der Angst, etwas ganz Wichtiges in Ihrem Leben zu verlieren. Und selbstverständlich werden Sie
von einem Gefühls-Cocktail aus Angst, Trauer, Wut,
Hoffnung oder Gelassenheit ganz durcheinanderge-
bracht.

Manche Menschen halten dem Eifersüchtigen vor:
«Wenn du deinen Partner wirklich liebst, mußt du ihn
verstehen. Er oder sie braucht zur Zeit die andere Beziehung zu seinem Glück. Du liebst ihn doch: Also sei
auch du glücklich, wenn dein Partner glücklich ist!»
So weise diese Worte auch klingen: Vergessen Sie
sie, hier wird schlicht Unmenschliches verlangt. So
entrückt können Sie nie werden. Höchstens verrückt.
Stehen Sie lieber zu Ihrer Eifersucht!
Das beste Heilmittel in so einer Situation ist Distanz
zum Partner. Ziehen Sie aus – vielleicht zu Menschen
Ihres Vertrauens –, oder bitten Sie den Partner, vor-

übergehend auszuziehen, bis er sich seiner Gefühle –
ob nun in positiver oder negativer Hinsicht – sicher
ist. Wohnen Sie nicht zusammen, treffen Sie sich eine
Zeitlang nicht. Wenn Sie nicht darauf bestehen, kann
sich die Sache ewig hinziehen. Denn Ihr Partner kann
die Situation mit zwei Beziehungen lange aushalten.
Er kann sich aus jeder Verbindung das Beste heraus-
picken und aus beiden Schauplätzen verschwinden,
wenn es unangenehm wird. Aus diesem Grund möchten sich die meisten «Fremdgeher» nicht aus ihrer
jetzigen Partnerschaft lösen. Denn oft lieben sie den
festen Partner und schätzen die feste Partnerschaft als
«sicheren Hafen» im stürmischen Beziehungsdreieck.
Von dem festen Partner allein gelassen zu werden
konfrontiert den Seitenspringer intensiv mit der neuen
Beziehung und dem Verlust der jetzigen. Bei zwei
Drittel der Fälle führt dies dazu, daß Ihr Partner zu
Ihnen zurückkehrt – vorausgesetzt, Ihre Beziehung
hatte noch eine positive Basis. Sollten Sie jedoch in
Zank und Streit gelebt haben, versuchen Sie, in einer
möglichen Trennung auch einen Vorteil für sich zu erkennen. Warten Sie dabei jedoch nicht auf den Tag, an
dem Ihnen die Trennung leichtfällt oder Spaß macht.
Betrachten Sie eine unvermeidliche Trennung eher als
eine sinnvolle Operation: Obwohl diese manchmal
lebensrettend ist, freut sich niemand auf einen solchen
Eingriff. Danach liegt man erst mal eine Zeitlang auf
der Nase und fühlt sich schwach. Aber dann geht es
bergauf, und man wird gesund.

Neuanfang nach einem Seitensprung

Sehr viele glückliche Paare mußten im Laufe der Jahre schon einmal einen Seitensprung überstehen – egal, wer von beiden nun der «Fremdgeher» war. Kehrt nun der Seitenspringer reumütig in die bestehende Partnerschaft zurück, ist natürlich nicht gleich alles wie vorher. Durchschnittlich dauert es ein Jahr, bis sich alles wieder eingerenkt hat. Dies leuchtet dem Reuigen meistens jedoch nicht ein. Er denkt: «Nun bin ich wieder da, ich habe mich für dich entschieden, also ist jetzt alles wieder gut.» Lassen Sie sich von diesen Vorstellungen nicht unter Druck setzen. Ein Jahr der Besinnung mit Eifersuchts-Ausrutschern ist für den «geschädigten» Partner eine normale Zeitspanne, um wieder volles Vertrauen fassen zu können.

Setzen Sie sich mit Ihrem Partner zusammen, und finden Sie gemeinsam heraus, was in der letzten Zeit vor dem Seitensprung in Ihrer Partnerschaft nicht mehr gestimmt hat. Überlegen Sie gemeinsam, was Sie ab jetzt ändern wollen. Die meisten Paare, die auf diese Weise einen Seitensprung verwunden haben, berichten sogar über äußerst positive Langzeiteffekte: Sie sprechen viel offener über ihre Wünsche, sind viel aufmerksamer gegenüber dem Partner und räumen der gemeinsamen Zeit einen viel höheren Wert im Leben ein.

Hüten Sie sich vor Racheakten nach dem Motto: «Jetzt habe ich auch etwas gut.» Der zurückgekehrte Partner ist nämlich rückblickend ebenfalls sehr verzweifelt. Die meisten «Fremdgeher» geben sich nach einem bereuten Seitensprung die größte Mühe, die Partnerschaft wieder positiv aufzubauen.

Und wie schafft man dies gemeinsam?

1. Geben Sie der Partnerschaft ein Jahr Zeit, um das traumatische Ereignis zu verarbeiten.

2. Beugen Sie ab jetzt vor, um die Partnerschaft als «Psycho-Power-Quelle» zu erhalten.

3. Analysieren Sie gemeinsam all Ihre «Eifersuchtsfallen», und entwickeln Sie Ideen, kreativ mit Ihren Verschiedenheiten umzugehen.

4. Lernen Sie zusammen die «Schule des Wünschens».

5. Schauen Sie zusammen noch einmal in dieses Buch hinein, um Ihrer Beziehung neue Kraft zu geben.

Tips zum Weiterlesen

Paul Watzlawick: *Anleitung zum Unglücklichsein*;. München 1996.

Der Autor dieses Bestsellers ist ein bekannter Kommunikationspsychologe. In diesem Buch schildert er humorvoll, wie Menschen sich und andere durch Mißverständnisse, Vorurteile und falsche Annahmen unglücklich machen können – auch in der Partnerschaft. Hier können Sie mit einem lachenden und einem weinenden Auge noch sehr viel Lehrreiches zum Thema Eifersucht – und deren Verhütung – lesen.

Connirae Andreas: *Mit Herz und Verstand*; Paderborn 1992.

Dieses Buch bietet NLP-Einsteigern viele interessante Strategien des Selbstmanagements. Die Übung «Positives Selbstbild» wird in diesem Buch noch sehr viel ausführlicher dargestellt.

Cora Besser-Siegmund: *Denk Dich schön*; Düsseldorf 1996.
Vielleicht haben Sie festgestellt, daß Ihre Eifersucht eigentlich aus Selbstunsicherheit oder aus einem negativen Selbstbild entsteht. Dieses Buch hilft Ihnen, sich selbst attraktiv, schön und wertvoll zu fühlen. Entsprechend schwindet Ihre Angst, vom Partner betrogen oder verlassen werden zu können.

Leslie Cameron-Bandler: *Wieder zusammenfinden*; Paderborn 1983.
Die Autorin schildert hier sehr eindrucksvoll, wie Eifersucht durch eine bestimmte Art des Denkens entstehen kann. Hier können Sie weiteres über die «phantasievolle Eifersucht» erfahren und wertvolle Beziehungshilfen lernen.

Thies Stahl: *Neurolinguistisches Programmieren. Was es kann, wie es wirkt und wem es hilft*; Mannheim 1996.
Der Autor ist Diplompsychologe und NLP-Trainer. Er hat das NLP vor ca. 14 Jahren in Deutschland eingeführt und bekannt gemacht. Sein Buch ist eine leichtverständliche allgemeine Einführung in das Neurolinguistische Programmieren.

Streß mit dem Chef, Probleme in der Familie oder Angst vor der Zukunft – Probleme, die allein schwer zu meistern sind. Jetzt erscheint bei *rororo* das Psycho-Power-Programm zur Stärkung des Selbstbewußtseins, bekannt als **Neurolinguistisches Programmieren (NLP)**, das in den siebziger Jahren von den Amerikanern Richard Bandler und John Grinder entwickelt wurde. Knapp, praxisnah und verständlich geschrieben, bieten die Bücher konkrete Hilfe für Alltag und Beruf.

Cora Besser-Siegmund
Das Rauchen aufgeben
(rororo sachbuch 9956)
Frei von Eifersucht
(rororo sachbuch 9985)
Mit Hilfe der vorgestellten Übungen und Tricks kann man lernen, wie man sich nicht länger von der alles zerfressenden Eifersucht beherrschen läßt, sondern statt dessen seine Energien auf neue, positive Ziele konzentriert.

Barbara Schott
Gut drauf sein, wenn's schiefgeht
(rororo sachbuch 9604)
Cool bleiben
(rororo sachbuch 9603)
Passiert es Ihnen auch immer wieder, daß Sie gereizt reagieren, die Fassung verlieren und manchmal richtig aus der Haut fahren? Das muß nicht sein. Sie können mit einfachen Mitteln gezielt lernen, Ihre Stimmung positiv zu verändern.
Andere Wege wagen
(rororo sachbuch 9605)

Cora Besser-Siegmund
Frei von Eifersucht
NLP–
Das Psycho-Power-Programm

Barbara Schott/ Klaus Birker
Freunde finden
(rororo sachbuch 9668)
Prüfungsstreß ade
(rororo sachbuch 9669)
Kompetent verhandeln
(rororo sachbuch 9773)
Geschicktes Verhandeln will gelernt sein – ob am Telefon oder am Verhandlungstisch. Dieses Buch stellt einfach anwendbare Strategien vor.
Schüchternheit überwinden
(rororo 9774)
Mut zur Entscheidung
(rororo sachbuch 9957)
Fällt es Ihnen manchmal schwer, klar ja oder nein zu sagen? Mit diesem Buch können Sie lernen, wie man Entscheidungen als positive Herausforderung begreifen kann.
Selbstbewußt auftreten
(rororo sachbuch 9905)
Souverän mit Kunden umgehen
(rororo sachbuch 9796)
Den Job will ich haben *Die erfolgreiche Bewerbung*
(rororo sachbuch 9986)